如來現相品第二

大方廣佛華嚴經

일러두기

1. 『대방광불화엄경 강설』 원문原文의 저본底本은 근세에 교정이 가장 잘 되었다고 정평이 나 있는 대만臺灣의 불타교육기금회佛陀教育基金會에서 출판한 『화엄경소초華嚴經疏鈔』본입니다.

2. 『대방광불화엄경 강설』은 실차난타實叉難陀가 695년부터 699년까지 4년에 걸쳐 번역해 낸 80권본卷本 『대방광불화엄경』을 우리말로 옮기고 강설을 붙인 것입니다.

3. 『대방광불화엄경』은 애초 산스크리트에서 한역漢譯된 경전이지만 현재 산스크리트본은 소실된 상태입니다. 산스크리트를 음차한 경우 굳이 원래 소리를 표기하려고 하기보다는 『표준국어대사전』이나 『불교사전』 등에 등재된 한자음을 사용하는 것을 원칙으로 하였습니다.

4. 경문의 한글 번역은 동국역경원본을 참고하여 그대로 또는 첨삭을 하며 의미대로 번역하고 다듬었습니다.

5. 각 품마다 내용에 따라 단락을 나누고 제목을 달았습니다. 단락의 제목은 주로 청량淸凉스님의 견해에 기초하였고 이통현李通玄장자의 견해를 참고로 하였습니다.

6. 『대방광불화엄경 강설』의 발행 순서는 한역 경전의 편재 순서를 기준으로 하였고 각 권은 단행본 한 권씩으로 출간될 예정이며 모두 80권으로 완간됩니다. 다만 80권본에 빠져 있는 「보현행원품」은 80권본 완역 및 강설 후 시리즈에 포함돼 추가될 예정입니다.

7. 『대방광불화엄경 강설』 안에서 불교용어를 풀이한 것은 운허스님이 저술하고 동국역경원에서 편찬한 『불교사전』을 인용하였습니다.

8. 각주의 청량스님의 소疏는 대만에서 입력한 大方廣佛華嚴經 사이트의 것을 사용하였습니다.

9. 『대방광불화엄경 강설』 입법계품에 들어가는 문수지남도는 북송北宋시대 불국佛國선사가 선재동자가 53명의 선지식을 친견하여 법을 구하는 장면을 하나하나 그림으로 그린 것입니다.

대방광불화엄경 강설
제 6 권

二. 여래현상품如來現相品

실차난타實叉難陀 한역
무비스님 강설

서문

무엇이 '여래가 세상에 나타나신 모습[如來現相]'이겠습니까?

모든 사람, 모든 생명, 두두물물이 이미 그대로 여래로서 그 모습을 나타낸 것입니다. 삼라만상과 천지만물은 각각의 모습대로 여래가 천백억 화신으로 나타나서 천변만화하는 작용 그 자체입니다. 이와 같이 보는 것이 바른 견해이며, 이와 다르게 보는 것은 삿된 견해입니다.

그러나 스스로 여래임을 알지 못하고, 느끼지 못하고, 깨닫지 못하기 때문에 못난 중생, 죄업 많은 중생으로 살아가고 있습니다. 그러므로 세존이 그와 같은 중생들을 불쌍히 여겨서 스스로 큰 허물을 안고 입을 열어 만고에 절창이며 인류사에 최고의 걸작인 화엄경을 설파하셨습니다.

일찍이 신라의 원효元曉스님이 세존의 마음을 이어받아 천성산 화엄벌에서 화엄경을 강설하여 일천 성인을 배출하였다 하여 천성산千聖山이라 하였고, 또 의상義湘스님은 중국의 지엄智儼스님 문하에서 화엄경을 공부하고 돌아와서 전국에 화엄십찰華嚴十刹을 건립하고 모든 국민에게 화엄경을 가르쳐 화엄사상으로 국민들의 정신을 개도開導하였습니다. 이와 같이 화엄경이 한국 불교의 토대를 튼튼히 하여 오늘에 이르고 있습니다.

신라의 아름다운 불교 예술과 향가鄕歌를 위시한 불교 문학이 모두 화엄경에 바탕을 두고 있습니다. 고려에 와서는 균여均如대사가 보현십원가普賢十願歌를 지어 전국 방방곡곡에서 화엄경을 노래 부르게 하였습니다.

오늘날 물질은 무한히 풍요롭고 생활은 한없이 편리해졌으나 마음은 더욱 허기져서 세상은 온통 범죄의 소굴이 되었고 생각들은 온갖 이해와 이념으로 갈등이 치열하여 하루하루의 삶이 마치 칼날을 밟는 것과 같고 가시밭을 헤매는 것과 같습니다.

한국 불교는 화엄 불교입니다. 화엄 불교란 법계에 존재하는 모든 생명체는 당연히 불보살로서 불보살연기佛菩薩緣起의 관계 속에서 아름다운 소통을 함을 그 종지宗旨로 하고 있습니다. 화엄경의 가르침을 통하여 사람 사람들이 모두 불보살연기의 관계로 소통하며 살아간다면 종교적 갈등과 이념적 갈등과 이해의 갈등으로 빚어지는 온갖 살상殺傷을 없앨 수 있을 것입니다. 또한 종교, 이념, 이해로 인해 소모되는 수많은 군사적 비용을 가난한 국가의 굶주림과 문맹과 의료를 위해 사용한다면 얼마나 아름다운 세상이 되겠습니까.

화엄경을 통하여 불보살연기로 서로 친화하고 소통하는 세상을 만들기 위해서 부족한 안목이나마 감히 화엄경 공부를 위한 강설을 집필하여 그 여섯 권째에 이르렀습니다. 모두 함께 동참하시어 부디 21세기의 새로운 화장장엄세계를 건설하는 데 일조가 되어 주시기를 바랍니다.

나무대방광불화엄경

2014년 4월 1일

신라 화엄종찰 금정산 범어사

如天 無比

대방광불화엄경 목차

대방광불화엄경 강설 제6권

二. 여래현상품如來現相品

대방광불화엄경 강설

제6권

二. 여래현상품

여래현상품如來現相品은 여래가 그 모습을 나타내 보이는 품이다. 세주묘엄품世主妙嚴品이라는 길고 긴 서분序分이 5권으로 끝나고 이제 비로소 본론인 정종분正宗分에 들어가는 것이다. 서분인 세주묘엄품이 화엄경이라는 가르침이 탄생하게 된 인연을 밝힌 내용이라면, 설법하는 의식을 설한 내용으로는 여래현상품과 보현삼매품이 있고, 설법의 내용을 바로 진술한 것으로는 세계성취품과 화장세계품과 비로자나품이 있다. 이렇게 여섯 품이 제1회에 보리도량에서 설한 6품 경이다. 달리 표현하면, 불과佛果의 내용을 들어 보이고 그 불과가 인간이 이르러 갈 수 있는 궁극의 세계임을 권장하여 신심을 내게 하는 내용이다. 그것을 전통적으로는 신信·해解·행行·증證 중에서 신信에 해당하는 거과권락생신분擧果勸樂生信分이라 한다.

1. 운집한 대중들이 법을 청함

1) 마음으로 법을 청함

(1) 덕용원만德用圓滿의 10문問

이시　제보살　급일체세간주　작시사유
爾時에 **諸菩薩**과 **及一切世間主**가 **作是思惟**하니라

운하시제불지
云何是諸佛地아

그때에 모든 보살과 일체 세간의 주인들이 이러한 생각을 하였습니다.

'어떤 것이 모든 부처님의 지위[佛地]일까?'

화엄회상에는 세주묘엄품에서 소개한 바와 같이 무량무수한 대중들이 운집하였다. 대중들이 운집하면 순서상 반드시 부처님께 법을 청하게 된다. 그래서 모든 보살과 세간의 주인들이 각자의 생각 속에서 궁금함이 일었다. 그 궁금한

점들을 하나하나 정리하여 법을 청하는 형식을 취하고 있다.

모두 40가지 의문을 제기하였다. 먼저 덕의 작용이 원만함에 대하여 열 가지로 물었다. 그중에서 가장 먼저 궁금한 점은 바로 모든 부처님의 지위地位며 경지다. 지위란 부처님의 지혜의 덕으로서 부처님의 영토며, 부처님이 계시는 장소며, 부처님이 처해 있는 형편이며, 불과佛果, 불위佛位라고도 할 수 있다. 불지에 대한 자세한 내용은 십지품에서 밝혔으며, 또한 불지경佛地經도 있고 불지론佛地論도 있다. 그만큼 부처님에 대한 중요한 내용이라고 할 수 있기에 가장 먼저 물은 것이다.

운 하 시 제 불 경 계
云何是諸佛境界아

'어떤 것이 모든 부처님의 경계일까?'

지위와 경계를 포괄적으로 보면 크게 다른 것은 아니지만 세분하여 드러내려고 물었다. 경계는 대상의 뜻이 있다. 부처님의 대상은 중생이다. 중생에게는 지혜와 자비가 필요한 경계다. 즉 자비와 지혜로써 반연할 바의 경계들이다. 그러므로 여래의 경계는 무한하고 무량하며 그 끝이 없다. 자세한 내용은 여래출현품과 불부사의법품에서 광범위하게 설했다.

운 하 시 제 불 가 지
云何是諸佛加持아

'어떤 것이 모든 부처님의 가지加持일까?'

가지란 가피加被라고도 하는데 부처님의 수승한 힘으로 중생들을 맡아서 지키고 보호하는 행위이다. 널리 설명하면 끝이 없다. 불부사의법품과 십지품 법운지와 이세간품에서 자세히 설하고 있다. 부처님의 위대한 신력으로 중생들을 맡아서 지킨다. 예컨대 "일체 제불이 색신을 나타내 보여서 중생들을 위하여 불사를 짓는다."는 것 등이다.

운 하 시 제 불 소 행
云何是諸佛所行가

'어떤 것이 모든 부처님의 소행인가?'

소행所行은 소작所作이라고도 한다. 불부사의법품과 여래출현품에서 자세히 설명하였다. "혹은 대비로써 중생을 섭수하며, 혹은 대지大智로써 인연을 지으며, 생각 없음으로 불사를 이루며, 방편과 선교로 짓는 일을 완성하는 것이 소행이다."라고 하였다.

운 하 시 제 불 력
云何是諸佛力가

'어떤 것이 모든 부처님의 힘인가?'

부처님의 힘은 크게 자재하다. 간략하게 말하면 처비처지력處非處智力 등 열 가지 힘을 말하지만 불부사의법품의 내용을 인용하자면, "불자야, 모든 부처님 세존이 열 가지 광대한 힘이 있으니 최상의 힘과 한량없는 힘과 큰 위덕의 힘과 얻기 어려운 힘과 물러서지 않는 힘과 견고한 힘과 깨뜨릴 수 없는 힘과 일체 세간이 생각할 수 없는 힘과 일체 중생이 움직일 수 없는 힘과 대나라연당의 용건한 법이니라."[1]라고 하였다.

운 하 시 제 불 무 소 외

云何是諸佛無所畏아

'어떤 것이 모든 부처님의 두려움 없음인가?'

모든 경전에서 부처님의 두려움 없음에 대하여 말하고 있다. 화엄경에서는 이세간품에서 10종의 두려움 없음과 십무진장품에서 네 가지 두려움 없음을 설하였다.

1) 佛子. 諸佛世尊有十種廣大力, 最上力, 無量力, 大威德力, 難獲力, 不退力, 堅固力, 不可壞力, 一切世間不思議力, 一切衆生無能動力, 大那羅延幢勇健法.

운 하 시 제 불 삼 매
云何是諸佛三昧아

'어떤 것이 모든 부처님의 삼매인가?'

부처님의 삼매란 불과에서 선정과 지혜를 함께 가진다는 것이다. 십정품을 위시하여 해인삼매와 화엄삼매와 사자빈신삼매와 온갖 백천 삼매가 등장한다. 그리고 7처 9회의 매회마다 각각 다른 삼매에 드는 것으로 되어 있다.

운 하 시 제 불 신 통
云何是諸佛神通가

'어떤 것이 모든 부처님의 신통인가?'

부처님의 신통이란 선정에 의해서 일어나는 걸림이 없는 신묘한 작용이다. 십통품과 불부사의법품에 자세히 설하였다. 예컨대 ① 선지타심지신통善知他心智神通 ② 무애천안지신통無礙天眼智神通 ③ 지과거제겁숙주지신통知過去際劫宿住智神通 ④ 지진미래제겁지신통知盡未來際劫智神通 ⑤ 무애청정천이지신통無礙淸淨天耳智神通 ⑥ 무체성무동작왕일체불찰지신통無體性無動作往一切佛刹智神通 ⑦ 선분별일체언사지신통善分別一切言辭智神通 ⑧ 무수색신지신통無數色身智神通 ⑨ 일체법지신통一切法智神通 ⑩ 입일체법멸진삼매지신통入一切法滅盡三昧智神通 등이다.

운 하 시 제 불 자 재
云何是諸佛自在아

'어떤 것이 모든 부처님의 자재自在인가?'

부처님의 자재란 소작所作과 소위所爲가 마음대로 되어 걸림이 없이 성취되는 것을 뜻한다. 널리 설명하면 끝이 없지만 간략하게는 이세간품과 불부사의법품에서 설하였다. 간략히 그 뜻을 말하면 ① 제법을 연설함에 변재가 무애한 자재와 ② 마음 자재와 ③ 수승한 이해의 자재와 ④ 재물의 자재와 ⑤ 수명의 자재와 ⑥ 뜻과 같은 자재와 ⑦ 지혜 자재와 ⑧ 업의 자재와 ⑨ 태어남을 받는 자재와 ⑩ 원력의 자재 등이다.

운하시제불무능섭취
云何是諸佛無能攝取아

'어떤 것이 모든 부처님의 섭취할 수 없음인가?'

섭취攝取란 제복制伏이라는 뜻이다. 또는 "무너뜨리다."라는 의미다. 부처님이 하시는 일을 천신이나 인간이나 사문이나 마군이나 범천이나 보살들까지도 능히 제어하여 조복하거나 무너뜨릴 수 없다. 그래서 60권본 화엄경에서는 "부처님의 수승한 법"이라고 번역하였다. 부처님의 법은 수승하기 때문에 그 누구도 제어하여 조복할 수 없다. 불부사의법품에 열 가지를 밝혔다.

(2) 체상현저體相顯著의 10문問

운하시제불안 운하시제불이 운하시제불비 운하시제불설 운하시제불신 운하
云何是諸佛眼이며 **云何是諸佛耳**며 **云何是諸佛鼻**며 **云何是諸佛舌**이며 **云何是諸佛身**이며 **云何**

시제불의 운하시제불신광 운하시제불광
是諸佛意아 云何是諸佛身光이며 云何是諸佛光

명 운하시제불성 운하시제불지 유원
明이며 云何是諸佛聲이며 云何是諸佛智인가 唯願

세존 애민아등 개시연설
世尊은 哀愍我等하사 開示演說하소서

'또한 어떤 것이 모든 부처님의 눈이며, 어떤 것이 모든 부처님의 귀며, 어떤 것이 모든 부처님의 코며, 어떤 것이 모든 부처님의 혀며, 어떤 것이 모든 부처님의 몸이며, 어떤 것이 모든 부처님의 뜻인가?' '어떤 것이 모든 부처님의 몸의 광명이며, 어떤 것이 모든 부처님의 광명이며, 어떤 것이 모든 부처님의 음성이며, 어떤 것이 모든 부처님의 지혜일까?'라고 하고는 '오직 원하노니, 세존께서는 우리들을 불쌍히 여기사 열어 보이시고 연설하여 주소서.' 라고 생각하였습니다.

부처님의 체상이 뚜렷하게 드러남을 물었다. 즉 부처님의 6근과 3업에 대하여 물은 것이다. 신업身業 중에 부처님의 몸에는 항상 빛나고 있는 광명과 방광을 해서 있는 광명이 있다. 이 두 가지를 다 물었다. 만수滿數인 10을 채우기 위해서 열 구절을 만들었다. 화엄경은 내용과 이치도 일체 존재의 원만함을 드러내지만 그 형식을 통해서도 원만함을 보이고 있다. 역시 불부사의법품과 이세간품과 여래십신상해품과 여래수호광명공덕품에서 자세히 밝히고 있다.

2) 예를 이끌고 법을 청함

(1) 교화의 작용이 두루 함을 묻다

우시방세계해 일체제불 개위제보살
又十方世界海의 **一切諸佛**이 **皆爲諸菩薩**하사

설세계해 중생해 법계안립해 불해 불바
說世界海와 **衆生海**와 **法界安立海**와 **佛海**와 **佛波**

라밀해 불해탈해 불변화해 불연설해 불
羅蜜海와 **佛解脫海**와 **佛變化海**와 **佛演說海**와 **佛**

명호해 불수량해
名號海와 **佛壽量海**와

'그리고 또 시방세계바다의 일체 모든 부처님이 모

든 보살들을 위하여 세계바다와 중생바다와 법계가 안립安立한 바다와 부처님 바다와 부처님 바라밀바다와 부처님 해탈바다와 부처님 변화바다와 부처님 연설바다와 부처님 명호바다와 부처님 수명바다에 대해서 설하여 주소서.'라고 생각하였습니다.

총 40가지 질문 중 앞에서 마음으로 청한 예를 이끌어 다시 20가지의 법을 청하였다. 먼저 열 가지는 교화의 작용이 두루 함에 대하여 질문하였다. 세계바다란, 교화할 처소다. 곧 화장장엄세계를 뜻한다. 중생바다란, 교화할 바의 근기다. 그 근기들은 모든 세계에 다 있다. 법계가 안립한 바다란, 세계성품이 그것이다. 안립安立이란 범어로는 내야柰耶다. 많은 뜻을 포함하고 있다. 혹은 이취理趣며, 혹은 방편方便이며, 혹은 법식法式이며, 혹은 법문法門이며, 혹은 안립安立이라고 번역한다. 다음 부처님 바다란, 능히 교화하는 주인이다. 화장세계품과 불부사의법품의 내용이다. 부처님 바라밀바다란, 교화하여 성숙시키는 행이다. 이세간품의 내용이다. 부처님 해탈의 바다란, 교화하여 얻은 결과다. 입법계품의 내용이다. 부처님 변화바다란, 중생들의 근기에 맞춰서 신통변화를 나타내어 교화하기 어려운 중생을 교화하는 일이다. 광명각품과 아승지품의 내용이다. 부처님 연설바다란, 근기에 맞추는 설법이다. 사성제품의 내용이다. 부처님 명호바다란, 근기를 따라서 세운 것인데 여래명호품의 내용이다. 부처님 수명바다란, 근기를 따라서 길고 짧음을 느끼는 것이 다르다. 여래수량품의 내용이다.

(2) 원인의 덕이 깊고 넓음을 묻다

급일체보살서원해 일체보살발취해 일
及一切菩薩誓願海와 一切菩薩發趣海와 一

체보살조도해 일체보살승해 일체보살행
切菩薩助道海와 一切菩薩乘海와 一切菩薩行

해 일체보살출리해 일체보살신통해 일체
海와 一切菩薩出離海와 一切菩薩神通海와 一切

보살바라밀해 일체보살지해 일체보살지해
菩薩波羅蜜海와 一切菩薩地海와 一切菩薩智海

원불세존 역위아등 여시이설
하시나니 願佛世尊은 亦爲我等하사 如是而說하소서

'그리고 원컨대 일체 보살들의 서원誓願바다와 일체 보살들이 나아가는 바다와 일체 보살들의 도道를 돕는 바다와 일체 보살들의 승乘의 바다와 일체 보살들의 행行의 바다와 일체 보살들의 벗어나는 바다와 일체 보살들의 신통바다와 일체 보살들의 바라밀바다와 일체 보살들의 지위地位바다와 일체 보살들의 지혜바다를 부처님께서는 또한 우리들을 위하여 이와 같이 연설하여 주소서.' 라고 생각하였습니다.

40가지 질문 중 마지막 열 가지는 불과佛果의 원인이 되는 보살 수행 계위와 수행 덕목들을 질문한 내용이다. 먼저 보살로서 서원을 세우고, 서원을 세운 대로 앞으로 나아가고, 온갖 조도법助道法을 갖추고, 보살의 지위와 실천과 벗어남과 신통과 바라밀과 보살의 경지와 마지막으로 보살이 성취하는 지혜를 질문한 것이다. 이와 같이 하여 보살이 법계를 널리 포섭하는 것의 깊고 넓기가 그 끝이 없으므로 바다라고 한 것이다. 아래의 모든 법회에서 다 같이 설하였다.

3) 공양구에서 법을 청함

(1) 덕을 찬탄하여 청함

이시 제보살위신력고 어일체공양구운
爾時에 **諸菩薩威神力故**로 **於一切供養具雲**

중 자연출음 이설송언
中에 **自然出音**하야 **而說頌言**하사대

그때에 모든 보살들의 위신력으로 온갖 공양거리구름 가운데서 자연히 소리가 나서 게송으로 말하였습니다.

무슨 인연으로 공양구에서 법을 청하는가? 앞에서 법을 청할 때는 생각으로 청하였으므로 부처님은 이미 다 알지만 대중들은 알 수 없었다. 지금은 소리로써 청하여 대중들이 다 알게 하였다. 여기서 보살들이란 앞에서 나온 동생중과 이생중을 함께 보살이라 하였다. 또 여기서는 몸과 입을 표하여 공양구를 삼는다. 몸과 입은 곧 법계의 본체가 되기 때문이다.

해탈解脫화상이 부처님을 찬탄한 게송에서 말하였다.

"합장은 꽃이 되고 이 몸은 공양구가 되어

착한 마음의 성실한 향기로써 찬탄의 향연을 펼치도다.

모든 부처님이 이 향기를 맡고 소리를 따라와서 제도하니

대중들은 부지런히 정진하여 마침내 서로 의심이 없도다."[2]

세상의 많고 많은 공양구들 가운데 몸과 입보다 더 훌륭한 공양구는 없으리라. 법을 청하는 사람이 부처님께 올리는 공양구가 그렇고, 법을 설하는 부처님이 중생에게 베푸는 공양구가 그렇다.

무 량 겁 중 수 행 만　　보 리 수 하 성 정 각
無量劫中修行滿하사　**菩提樹下成正覺**하시고

위 도 중 생 보 현 신　　여 운 충 변 진 미 래
爲度衆生普現身하사　**如雲充徧盡未來**로다

한량없는 겁 동안 수행이 만족하사

보리수나무 밑에서 정각正覺을 이루시고

2) 解脫和尙歎佛說偈云 '合掌以為華. 身為供養具. 善心誠實香. 讚歎香煙布. 諸佛聞此香. 尋聲來相度. 衆等勤精進. 終不相疑誤'.

중생들을 제도하시려고 몸을 널리 나타내어
미래가 다할 때까지 구름처럼 가득히 채우셨네.

부처님의 덕을 찬탄하는 내용이 간결하면서도 다 갖추어져 있다. 부처님은 오랜 세월 수행하였으며, 보리수나무 밑에서 정각을 이루셨다. 그날 그 후로 오늘 이 시간까지, 그리고 앞으로 무궁한 미래에까지 중생들을 제도하기 위하여 온 법계에 가득히 펼쳐져 있다. 아무리 거듭거듭 찬탄하고 강조해도 지나치지 않는 빛나는 부처님의 덕이다.

중 생 유 의 개 사 단　　광 대 신 해 실 령 발
衆生有疑皆使斷하사　**廣大信解悉令發**하시며
무 변 제 고 보 사 제　　제 불 안 락 함 령 증
無邊際苦普使除하사　**諸佛安樂咸令證**케하소서

중생들의 의심을 모두 끊게 하시고
넓고 큰 믿음을 내게 하시며
그지없는 고통을 제하게 하사
모든 부처님의 안락을 다 증득케 하시네.

부처님이 이 땅에 출현하신 것은 무엇을 위함인가? 그리고 오랜 세월 수행하시고 정각을 이루어 지금 이 순간까지 이렇게 천백억 화신으로 계시고, 가르침으로 계시고, 광명으로 계시는 것은 모두 무엇을 위함인가? 오로지 오로지 중생들의 의혹을 끊어 주시고 광대한 믿음과 이해를 내게 하시어 이고득락離苦得樂하도록 하기 위함이리라.

보 살 무 수 등 찰 진	구 래 차 회 동 첨 앙
菩薩無數等刹塵이	**俱來此會同瞻仰**하니
원 수 기 의 소 응 수	연 설 묘 법 제 의 혹
願隨其意所應受하사	**演說妙法除疑惑**하소서

무수한 보살들이 찰진수같이
이 법회에 함께 와서 같이 우러르니
그 뜻에 받아들일 만함을 따라서
미묘한 법을 연설하여 의혹을 제하소서.

부처님의 덕을 찬탄하고 법을 청하는 내용이 이와 같다. 무수한 보살들이 모여 와서 우러러보고 있다. 각자가 근기와 뜻에 맞는 가르침을 내려 주시기를 간청한다. 부처님이 설하시는 미묘한 법은 반드시 중생들의 의혹을 제거할 것이다.

(2) 법을 들어서 청함

운 하 요 지 제 불 지　　　　운 하 관 찰 여 래 경
云何了知諸佛地며　　**云何觀察如來境**이니잇고

불 소 가 지 무 유 변　　　　현 시 차 법 영 청 정
佛所加持無有邊하시니　**顯示此法令淸淨**케하소서

어떻게 하면 모든 부처님의 지위를 알게 되며
어떻게 해야 여래의 경계를 관찰합니까?
부처님의 가피加被는 그지없으시니
이 법을 보여 청정하게 하옵소서.

앞에서 생각으로 물었던 내용을 모든 보살들이 몸과 입이라는 공양구로써 소리 내어 게송을 읊으며 다시 법을 청한다. 부처님의 지위와 여래의 경계와 가피, 이 세 가지를 물은 것이다.

운 하 시 불 소 행 처　　이 이 지 혜 능 명 입
云何是佛所行處에　　而以智慧能明入이니잇고

불 력 청 정 광 무 변　　위 제 보 살 응 개 시
佛力淸淨廣無邊하시니　爲諸菩薩應開示하소서

어떻게 해야 부처님이 행하신 곳에
지혜로써 밝게 들어갈 수 있습니까?
부처님의 힘 청정하고 넓어 끝이 없으시니
모든 보살을 위하여 열어 보이소서.

부처님의 소행과 부처님의 힘, 이 두 가지를 물었다. 게송을 통하여 아름답게 질문하고 있다.

운 하 광 대 제 삼 매　　운 하 정 치 무 외 법
云何廣大諸三昧며　　云何淨治無畏法이니잇고

신 통 력 용 불 가 량　　원 수 중 생 심 락 설
神通力用不可量이시니　願隨衆生心樂說하소서

무엇이 넓고 큰 모든 삼매이며
무엇이 두려움 없는 법을 닦음입니까?

신통력의 작용이 한량없으시니
중생들의 마음에 즐겨 함을 따라서 설해 주소서.

부처님의 삼매와 두려움 없음과 신통, 이 세 가지를 물었다.

제 불 법 왕 여 세 주	소 행 자 재 무 능 제
諸佛法王如世主하사	**所行自在無能制**와
급 여 일 체 광 대 법	위 이 익 고 당 개 연
及餘一切廣大法을	**爲利益故當開演**하소서

법왕法王이신 부처님 세간의 주인이 되사
소행所行이 자재하여 아무도 제어하지 못하며
그밖에 모든 넓고 큰 법을
이익을 위하여 연설하소서.

부처님의 자재와 다른 사람이 능히 섭취하거나 제어하지 못함에 대하여 물었다. 여기까지 처음 열 가지가 부처님의 덕의 작용이 원만함에 대한 질문이다.

불 안 운 하 무 유 량　　　이 비 설 신 역 부 연
佛眼云何無有量하고　**耳鼻舌身亦復然**이며

의 무 유 량 부 운 하　　　원 시 능 지 차 방 편
意無有量復云何니잇고　**願示能知此方便**하소서

부처님의 눈 어찌하여 한량없으며

귀와 코와 혀와 몸도 또한 그러하며

뜻도 또한 어찌하여 한량없는지

원하노니 이 방편을 보여 알게 하소서.

두 번째 열 가지 질문 중 부처님의 6근에 대한 질문이다. 나머지 부처님 몸의 광명과 방광과 소리와 지혜, 이 네 가지는 생략되었다.

여 제 찰 해 중 생 해　　　법 계 소 유 안 립 해
如諸刹海衆生海와　**法界所有安立海**와

급 제 불 해 역 무 변　　　원 위 불 자 함 개 창
及諸佛海亦無邊을　**願爲佛子咸開暢**하소서

모든 세계바다와 중생바다와

법계가 안립安立해 있는 바다와
모든 부처님 바다가 끝이 없으니
불자들을 위하여 다 드러내소서.

세 번째 열 가지 질문 중 세계바다, 중생바다, 법계안립바다, 부처님 바다, 이렇게 네 가지를 게송으로 질문하였다.

영출사의중도해	보입해탈방편해
永出思議衆度海와	**普入解脫方便海**와
소유일체법문해	차도량중원선설
所有一切法門海를	**此道場中願宣說**하소서

생각을 영원히 벗어난 온갖 바라밀바다와
널리 해탈에 들어가는 방편바다와
일체 법문바다를
이 도량 가운데서 선설宣說하소서.

다시 바라밀바다와 해탈바다를 질문하였다. 나머지 앞서 있었던 질문들은 "일체 법문바다"라는 말로 생략하였다.

이와 같이 여래현상품에서 중요한 명제로 삼는 40가지의 질문을 산문과 게송으로 질문하여 마쳤다. 자세한 내용은 뒤의 불부사의법품에서 밝혔다.

2. 세존의 치간광명

1) 광명의 이름

이시 세존 지제보살심지소념 즉어면
爾時에 世尊이 知諸菩薩心之所念하사 卽於面

문중치지간 방불찰미진수광명 소위중보
門衆齒之間에 放佛刹微塵數光明하시니 所謂衆寶

화변조광명 출종종음장엄법계광명 수포
華徧照光明과 出種種音莊嚴法界光明과 垂布

미묘운광명 시방불좌도량현신변광명 일
微妙雲光明과 十方佛坐道場現神變光明과 一

체보염운개광명 충만법계무애광명 변장
切寶焰雲蓋光明과 充滿法界無礙光明과 徧莊

엄일체불찰광명 형건립청정금강보당광명
嚴一切佛刹光明과 逈建立淸淨金剛寶幢光明과

보장엄보살중회도량광명 묘음칭양일체불
普莊嚴菩薩衆會道場光明과 妙音稱揚一切佛

명 호 광 명
名號光明이라

그때에 세존께서 모든 보살들의 마음에 생각하는 것을 아시고 곧 면문面門의 여러 치아 사이에서 불찰미진수와 같은 광명을 놓으셨습니다. 이른바 온갖 보배꽃이 두루 비추는 광명과 여러 가지 소리를 내어 법계를 장엄하는 광명과 미묘한 구름을 드리우는 광명과 시방의 부처님이 도량에 앉아 신통변화를 나타내는 광명과 온갖 보배불꽃구름일산광명과 법계에 충만한 걸림 없는 광명과 모든 부처님 세계를 두루 장엄하는 광명과 청정한 금강보배깃대를 멀리 건립하는 광명과 보살들이 모인 도량을 널리 장엄하는 광명과 묘한 음성으로 여러 부처님의 명호를 일컫는 광명이었습니다.

광명을 놓은 곳이 면문面門의 여러 치아 사이라고 하였다. 면문이란 얼굴 전체를 뜻하기도 하는데 이곳에서는 여러 가지 정황으로 보아 입이라고 보는 편이 맞다고 한다. 치아 사이에서 방광을 한 것은 부처님의 치아가 40개이므로 40가지 질문과 그 수가 맞다. 가르침의 도가 멀리 퍼져서 부처님의 입으로부터 태어난 제자들이 무수히 많음을 뜻한다. 화엄경은 40개의 질문으로부터 시작하여 중중 중중 중중重重重重重重하고 무진 무진 무진無盡無盡無盡하게 그 설법이 펼쳐진다. 마침 가르침의 광명이 시방과 삼세에 널리 펼쳐지는 것이다.

참고로 임제록에서는 면문面門에 대한 이러한 말이 있다.

"임제선사가 법상에 올라 말씀하셨다. '붉은 몸뚱이에 한 사람의 무위진인無位眞人이 있다. 항상 그대들의 얼굴을 통해서 출입한다. 아직 증거를 잡지 못한 사람들은 잘 살펴보아라.' 그때에 한 스님이 나와서 물었다. '어떤 것이 무위진인無位眞人입니까?' 임제스님이 법상에서 내려와서 그의 멱살을 꽉 움켜잡고 말하였다. '말해 봐라. 어떤 것이 무위진인인가?' 그 스님이 머뭇거리자 임제스님은 그를 밀쳐 버리며 '무위진인이 이 무슨 마른 똥 막대기인가.'라고 하시고는 곧 방장실로 돌아가 버렸다." [3]

---

3) 上堂云, 赤肉團上에 有一無位眞人하야 常從汝等諸人面門出入하나니 未證據者는 看看하라. 時有僧出問, 如何是無位眞人고 師下禪牀把住云, 道道하라. 其僧擬議한대 師托開云, 無位眞人이 是什麼乾屎橛고하시고 便歸方丈하다.

2) 광명의 권속

여시등불찰미진수 일일부유불찰미진수
如是等佛刹微塵數가 一一復有佛刹微塵數

광명 이위권속 기광 실구중묘보색
光明하야 以爲眷屬하고 其光이 悉具衆妙寶色하야

보조시방각일억불찰미진수세계해 피세
普照十方各一億佛刹微塵數世界海하시니 彼世

계해제보살중 어광명중 각득견차화장장
界海諸菩薩衆이 於光明中에 各得見此華藏莊

엄세계해
嚴世界海하니라

이러한 불찰미진수와 같은 광명이 낱낱이 또한 불찰미진수의 광명으로 권속을 삼아서, 그 광명이 다 온갖 묘한 보배빛을 갖추어서 시방에 각각 일억 불찰미진수의 세계바다를 널리 비추니, 저 세계바다의 모든 보살대중들이 그 광명 속에서 각기 이 화장장엄세계바다를 볼 수 있었습니다.

부처님 가르침의 광명이 어찌 화엄경을 설하는 화엄회상

에서만 빛나고 말 것인가. 백년 천년 세월을 거듭할수록 더욱 널리 퍼지며, 더욱 자세하게 그 시대 중생들의 근기에 맞춰 가면서 부연 설명하여 오늘에 이르고 있는 것이다. 그것이 광명의 권속이며, 지혜의 권속이며, 부처님의 권속이며, 불법의 권속이다.

3) 광명이 게송을 설하다

(1) 원인이 원만하고 불과도 원만함

이불신력　기광　어피일체보살중회지전
以佛神力으로 **其光**이 **於彼一切菩薩衆會之前**

이설송언
에 **而說頌言**하니라

부처님의 위신력으로 그 광명이 저 모든 보살 대중 앞에서 게송으로 말하였습니다.

무량겁중수행해　　공양시방제불해
無量劫中修行海에　**供養十方諸佛海**하시며

화 도 일 체 중 생 해　　　금 성 묘 각 변 조 존
化度一切衆生海일새　今成妙覺徧照尊이로다

한량없는 겁 동안의 수행바다에서
시방 모든 부처님 바다를 공양하시며
일체 중생바다를 교화하사
이제 묘각妙覺 변조존徧照尊을 이루시었네.

수행이란 중생을 부처님으로 받들어 공양하는 일이다. 그 결과를 묘각妙覺이라 하며 변조존徧照尊이라 한다. 보살의 수행 계위 52위 중 최후의 불과가 묘각이다. 그리고 부처님의 다른 이름을 변조존이라 한다. 세상을 지혜의 광명과 가르침의 광명으로 두루두루 비춘다는 뜻이다.

모 공 지 중 출 화 운　　　광 명 보 조 어 시 방
毛孔之中出化雲이여　光明普照於十方하사
응 수 화 자 함 개 각　　　영 취 보 리 정 무 애
應受化者咸開覺하야　令趣菩提淨無礙로다

모공毛孔에서 나온 변화한 구름

그 광명 시방을 널리 비추니
교화敎化를 받을 이는 모두 깨달아서
보리에 나아가 청정하여 걸림이 없게 하였네.

부처님의 십호十號 중 명행족明行足의 뜻을 밝혔다. 부처님의 모공이란 부처님이 설법하신 낱낱 글자와 낱낱 구절과 낱낱 문장과 낱낱 법문을 말한다. 모공에서 나온 구름, 구름에서 나온 광명의 교화를 받은 중생마다 모두가 보리에 나아간다.

불 석 왕 래 제 취 중　　　교 화 성 숙 제 군 생
佛昔往來諸趣中하사　**敎化成熟諸群生**하사대

신 통 자 재 무 변 량　　　일 념 개 령 득 해 탈
神通自在無邊量하야　**一念皆令得解脫**이로다

부처님이 옛적에 여러 갈래에 왕래하시어
여러 중생들을 교화하고 성숙케 하니
신통이 자재하고 한량없어서
일념에 모두 다 해탈케 하네.

부처님의 십호 중 세간해世間解와 선서善逝의 뜻을 밝혔다. 부처님이 옛적에 다니신 여러 갈래란 지옥과 아귀와 축생과 아수라와 같은 삶을 사는 사람들이다. 그 어떤 근기도 가리지 아니하고 낱낱이 교화하여 성숙하게 하였다.

마 니 묘 보 보 리 수 　　 종 종 장 엄 실 수 특
摩尼妙寶菩提樹가 　　 **種種莊嚴悉殊特**이어든

불 어 기 하 성 정 각 　　 방 대 광 명 보 위 요
佛於其下成正覺하사 　　 **放大光明普威耀**로다

마니의 아름다운 보석보리수가
여러 가지 장엄이 다 특이하거늘
부처님이 그 밑에서 정각을 이루사
큰 광명을 놓아 널리 비추시도다.

보리수나무 밑에서 정각을 이뤘다는 것은 십호 중 불佛의 뜻을 밝힌 것이다. 정각이라는 깨달음의 큰 광명이 세상을 널리 비춘다.

대 음 진 후 변 시 방　　　보 위 홍 선 적 멸 법
大音震吼徧十方하사　**普爲弘宣寂滅法**하사대

수 제 중 생 심 소 락　　　종 종 방 편 영 개 효
隨諸衆生心所樂하야　**種種方便令開曉**로다

큰 음성 떨치어 시방에 두루 하사

적멸법寂滅法을 널리 베푸시매

모든 중생 마음에 즐겨 함을 따라서

갖가지 방편으로 깨닫게 하시네.

십호 중 무상사無上士와 조어장부調御丈夫의 뜻을 밝혔다. 큰 음성으로 시방에 두루 떨쳐도 궁극에는 적멸한 법이다. 적멸하여 아무것도 존재하지 않는 법으로써 중생들이 즐겨 하는 바를 따라 갖가지 방편을 깨닫게 한다.

왕 수 제 도 개 원 만　　　등 어 천 찰 미 진 수
往修諸度皆圓滿하사대　**等於千刹微塵數**하사

일 체 제 력 실 이 성　　　여 등 응 왕 동 첨 례
一切諸力悉已成하시니　**汝等應往同瞻禮**어다

옛적에 온갖 바라밀을 닦아 다 원만히 하여
일천 세계 미진수와 같게 하사
온갖 능력을 다 이미 이루었으니
그대들은 함께 가서 예배할지어다.

십호 중 천인사天人師의 뜻을 밝혔다. 천신에게나 사람에게나 모두에게 스승이다. 천인사는 결코 치우친 수행으로 이루어지는 것이 아니다. 온갖 바라밀을 미진수와 같이 닦아야 일체의 힘을 성취한다.

(2) 대중바다가 이미 모임

시 방 불 자 등 찰 진　　　실 공 환 희 이 래 집
十方佛子等刹塵이　　**悉共歡喜而來集**하야

이 우 제 운 위 공 양　　　금 재 불 전 전 근 앙
已雨諸雲爲供養하고　**今在佛前專覲仰**이로다

시방에 있는 세계 티끌 수같이 많은 불자들이
다 함께 기뻐하며 모여 와서
온갖 구름을 비 내리어 공양 올리고

지금 부처님 앞에서 일심으로 우러러보네.

십호 중 응공應供을 밝혔다. 시방에서 모여 온 무수한 불자들이 온갖 구름을 비 내리어 공양을 올렸다. 그러고는 일심으로 우러러본다.

(3) 원만한 음성이 근기를 따름

여래일음무유량　　능연계경심대해
如來一音無有量이여　**能演契經深大海**하사
보우묘법응군심　　피양족존의왕견
普雨妙法應群心하시니　**彼兩足尊宜往見**이어다

여래의 한 음성이 한량이 없어
경전의 깊고 큰 바다를 연설하사
미묘한 법을 비 내리어 여러 마음에 맞추시니
저 양족존을 마땅히 가서 친견할지어다.

십호 중 양족존兩足尊과 세존世尊을 밝혔다. 부처님의 일음一音은 곧 원음圓音이다. 한 음성으로 미묘한 법을 연설하여 온갖 중생들의 마음에 다 맞춰서 교화하신다.

(4) 정각의 뜻을 돈설頓說함

삼 세 제 불 소 유 원　　　보 리 수 하 개 선 설
三世諸佛所有願을　　**菩提樹下皆宣說**하사대

일 찰 나 중 실 현 전　　　여 가 속 예 여 래 소
一刹那中悉現前하시니　**汝可速詣如來所**어다

삼세 모든 부처님의 서원을

보리수나무 밑에서 다 연설하사

일찰나 동안에 다 나타내시니

그대들은 속히 여래의 처소에 나아갈지어다.

십호 중 여래如來를 밝혔다. 모든 부처님의 서원이란 정각이며, 정각한 뒤에는 그 정각의 내용을 보리수나무 밑에서 한순간에 다 연설하는 것이다. 이 내용은 곧 화엄경의 이치를 그대로 다 표현한 것이다.

(5) 광명의 의미

비 로 자 나 대 지 해　　　면 문 서 광 무 불 견
毘盧遮那大智海가　　**面門舒光無不見**이라

금 대 중 집 장 연 음　　　여 가 왕 관 문 소 설
今待衆集將演音하시려니 **汝可往觀聞所說**이어다

비로자나 부처님 큰 지혜의 바다
면문面門에서 광명 놓아 다 보게 하셨네.
대중들이 다 모이면 법을 연설하리니
그대들은 가서 뵙고 설법 들어라.

부처님이 치아 사이에서 광명을 놓은 것을 정리하여 결론 지었다. 부처님의 치아는 40개다. 화엄경의 본론으로 들어 가면서 법을 질문한 내용 또한 40문이다. 불교의 경전은 이와 같이 하나하나가 그 상징성이 매우 뛰어나다. 이제 비로 소 법을 연설할 것이니 대중들은 어서 가서 설법을 들으라고 권하였다.

3. 시방대중의 친근 공양

1) 동방의 청정광清淨光세계

이시 시방세계해일체중회 몽불광명 소
爾時에 十方世界海一切衆會가 蒙佛光明의 所

개각이 각공래예비로자나여래소 친근
開覺已하고 各共來詣毘盧遮那如來所하야 親近

공양 소위차화장장엄세계해동 차유세
供養하시니 所謂此華藏莊嚴世界海東에 次有世

계해 명청정광연화장엄 피세계종중 유
界海하니 名清淨光蓮華莊嚴이요 彼世界種中에 有

국토 명마니영락금강장 불호 법수각허
國土하니 名摩尼瓔珞金剛藏이요 佛號는 法水覺虛

공무변왕 어피여래대중해중 유보살마
空無邊王이시며 於彼如來大衆海中에 有菩薩摩

하살 명관찰승법연화당
訶薩하니 名觀察勝法蓮華幢이라

그때에 시방세계바다의 일체 대중들이 부처님이 광명으로 깨우쳐 주심을 입고 나서 각각 비로자나 여래의 처소에 함께 와서 친근하고 공양하였습니다.

이른바 이 화장장엄세계바다 동쪽에 다음 세계바다가 있으니 이름이 청정광연화장엄淸淨光蓮華莊嚴이요, 그 세계종 가운데 국토가 있으니 이름이 마니영락금강장摩尼瓔珞金剛藏이요, 부처님의 명호는 법수각허공무변왕法水覺虛空無邊王이었습니다. 저 여래의 대중바다 가운데 보살마하살이 있으니 이름이 관찰승법연화당觀察勝法蓮華幢이었습니다.

여세계해미진수제보살 구 래예불소
與世界海微塵數諸菩薩로 **俱**하야 **來詣佛所**하사

각현십종보살신상운 변만허공 이불산
各現十種菩薩身相雲하야 **徧滿虛空**하야 **而不散**

멸
滅하니라

세계바다 미진수의 모든 보살들과 함께 부처님의 처소에 와서 각각 열 가지 보살의 몸 모양 구름을 나타

내어 허공에 두루 가득하게 하여 흩어지지 아니하였습니다.

부현십종우일체보연화광명운 부현십종
復現十種雨一切寶蓮華光明雲하며 復現十種
수미보봉운 부현십종일륜광운 부현십
須彌寶峰雲하며 復現十種日輪光雲하며 復現十
종보화영락운
種寶華瓔珞雲하며

또 열 가지 일체 보배연꽃을 비 내리는 광명구름을 나타냈으며, 또 열 가지 수미산보배봉우리구름을 나타냈으며, 또 열 가지 햇빛구름을 나타냈으며, 또 열 가지 보배꽃영락구름을 나타내었습니다.

부현십종일체음악운 부현십종말향수운
復現十種一切音樂雲하며 復現十種末香樹雲
부현십종도향소향중색상운 부현십종
하며 復現十種塗香燒香衆色相雲하며 復現十種

일체향수운 여시등세계해미진수제공양운
一切香樹雲하며 如是等世界海微塵數諸供養雲

실변허공 이불산멸
이 悉徧虛空하야 而不散滅이러라

또 열 가지 일체 음악구름을 나타냈으며, 또 열 가지 가루향구름을 나타냈으며, 또 열 가지 바르는 향과 사르는 향의 여러 색상 구름을 나타냈으며, 또 열 가지 온갖 향나무구름을 나타내었습니다. 이와 같은 세계바다 미진수의 모든 공양구름이 허공에 가득하여 흩어지지 아니하였습니다.

현시운이 향불작례 이위공양 즉어
現是雲已에 向佛作禮하사 以爲供養하고 卽於

동방 각화작종종화광명장사자지좌 어기
東方에 各化作種種華光明藏獅子之座하야 於其

좌상 결가부좌
座上에 結跏趺坐하시니라

이러한 구름을 나타내고 나서 부처님을 향하여 예배하며 공양하고 곧 동방에다 각각 여러 가지 꽃 광명장사자좌를 변화하여 만들고, 그 사자좌 위에 가부좌를 맺고 앉았습니다.

부처님이 40개의 치아 사이에서 광명을 놓고 그 광명이 부처님을 찬탄하는 게송을 읊었다. 다음으로는 시방세계에서 각각 돌아가면서 무수한 보살 대중들이 모여 와서 비로자나 부처님께 공양구름을 일으켜 공양하였다. 그리고 예배를 드린 후 각자가 온 방향을 따라서 사자좌를 변화하여 만들고 그 사자좌 위에 가부좌를 맺고 앉았다.

이와 같은 예가 시방세계 모든 보살 대중들에게서 똑같이 행하여졌다. 인류사에서 전무후무한 화엄대법회가 열리는데 시방세계가 모두 일어나서 공양구름을 나타내어 공양하는 일은 너무나 당연한 자연스러운 일이리라. 그러나 실은 시방세계가 그대로 모두 부처님께 올리는 공양이며 일체 중생에게 올리는 공양이다. 우리들 눈앞에 이와 같이 펼쳐져 있는 삼라만상 그대로가 크나큰 공양이다. 달리 더 어떤 공양을 기다리겠는가. 어느 날 눈을 뜨면 삼라만상 천지만물이 그대로 훌륭한 공양임을 알리라.

2) 남방의 일체보월一切寶月세계

차화장세계해남　차유세계해　명일체보
此華藏世界海南에 次有世界海하니 名一切寶

월광명장엄장　피세계종중　유국토　명무
月光明莊嚴藏이요 彼世界種中에 有國土하니 名無

변광원만장엄　불호　보지광명덕수미왕
邊光圓滿莊嚴이요 佛號는 普智光明德須彌王이시며

어피여래대중해중　유보살마하살　명보조
於彼如來大衆海中에 有菩薩摩訶薩하니 名普照

법해혜
法海慧라

이 화장세계바다 남쪽에 다음 세계바다가 있으니 이름이 일체보월광명장엄장一切寶月光明莊嚴藏이요, 그 세계종 가운데 국토가 있으니 이름이 무변광원만장엄無邊光圓滿莊嚴이요, 부처님의 명호는 보지광명덕수미왕普智光明德須彌王이었습니다. 저 여래의 대중바다 가운데 보살마하살이 있으니 이름이 보조법해혜普照法海慧이었습니다.

여 세 계 해 미 진 수 제 보 살 구 래 예 불 소
與世界海微塵數諸菩薩로 俱하야 來詣佛所하사

각 현 십 종 일 체 장 엄 광 명 장 마 니 왕 운 변 만 허
各現十種一切莊嚴光明藏摩尼王雲하야 徧滿虛

공 이 불 산 멸
空하야 而不散滅하며

세계바다 미진수의 모든 보살과 함께 부처님의 처소에 와서 각각 열 가지 온갖 장엄의 광명장마니왕구름을 나타내어, 허공에 두루 가득하여 흩어지지 아니하였습니다.

부 현 십 종 우 일 체 보 장 엄 구 보 조 요 마 니 왕 운
復現十種雨一切寶莊嚴具普照耀摩尼王雲

부 현 십 종 보 염 치 연 칭 양 불 명 호 마 니 왕 운
하며 復現十種寶焰熾然稱揚佛名號摩尼王雲하며

부 현 십 종 설 일 체 불 법 마 니 왕 운 부 현 십 종 중
復現十種說一切佛法摩尼王雲하며 復現十種衆

묘 수 장 엄 도 량 마 니 왕 운 부 현 십 종 보 광 보 조
妙樹莊嚴道場摩尼王雲하며 復現十種寶光普照

현 중 화 불 마 니 왕 운
現衆化佛摩尼王雲하며

또 열 가지 온갖 보배장엄거리를 비 내려 널리 비추는 마니왕구름을 나타내며, 또 열 가지 보배불꽃이 치연熾然하여 부처님의 명호를 일컫는 마니왕구름을 나타내며, 또 열 가지 일체 불법을 연설하는 마니왕구름을 나타내며, 또 열 가지 온갖 미묘한 나무로 도량을 장엄하는 마니왕구름을 나타내며, 또 열 가지 보배광명이 널리 비쳐서 여러 화신 부처님을 나타내는 마니왕구름을 나타내었습니다.

부 현 십 종 보 현 일 체 도 량 장 엄 상 마 니 왕 운
復現十種普現一切道場莊嚴像摩尼王雲하며

부 현 십 종 밀 염 등 설 제 불 경 계 마 니 왕 운 부 현
復現十種密焰燈說諸佛境界摩尼王雲하며 **復現**

십 종 부 사 의 불 찰 궁 전 상 마 니 왕 운 부 현 십 종
十種不思議佛刹宮殿像摩尼王雲하며 **復現十種**

보 현 삼 세 불 신 상 마 니 왕 운 여 시 등 세 계 해
普現三世佛身像摩尼王雲하시니 **如是等世界海**

미진수마니왕운 실변허공 이불산멸
微塵數摩尼王雲이 **悉徧虛空**하야 **而不散滅**이러라

또 열 가지 온갖 도량을 장엄한 모습을 널리 나타내는 마니왕구름을 나타내며, 또 열 가지 비밀한 불꽃 등이 모든 부처님의 경계를 연설하는 마니왕구름을 나타내며, 또 열 가지 부사의한 부처님 세계의 궁전의 형상인 마니왕구름을 나타내며, 또 열 가지 삼세 부처님의 형상을 널리 나타내는 마니왕구름을 나타내어서 이와 같은 세계바다 미진수의 마니왕구름이 다 허공에 두루하여 흩어지지 아니하였습니다.

봄이 오면 얼음이 풀리어 꽃이 피고, 여름이 오면 무더운 날씨에 초목들이 무성하고, 가을이 오면 기온은 선선하고 나뭇잎은 색깔을 바꾸고, 겨울이 오면 추운 날씨에 눈발이 휘날린다. 이 또한 영원히 흩어지지 않는 계절의 변화라는 훌륭한 만발공양이 아닌가.

현시운이 향불작례 이위공양 즉어
現是雲已에 向佛作禮하사 以爲供養하고 卽於

남방 각화작제청보염부단금연화장사자지
南方에 各化作帝青寶閻浮檀金蓮華藏獅子之

좌 어기좌상 결가부좌
座하야 於其座上에 結跏趺坐하시니라

이러한 구름을 나타내고 나서 부처님을 향하여 예배하며 공양하고 곧 남방에다 각각 제청보帝青寶염부단금閻浮檀金연화장蓮華藏사자좌를 변화하여 만들고, 그 사자좌 위에 가부좌를 맺고 앉았습니다.

3) 서방의 가애락可愛樂세계

차화장세계해서 차유세계해 명가애락
此華藏世界海西에 次有世界海하니 名可愛樂

보광명 피세계종중 유국토 명출생상묘
寶光明이요 彼世界種中에 有國土하니 名出生上妙

자신구 불호 향염공덕보장엄 어피여
資身具요 佛號는 香焰功德寶莊嚴이시며 於彼如

래대중해중 유보살마하살 명월광향염보
來大衆海中에 有菩薩摩訶薩하니 名月光香焰普

장엄
莊嚴이라

이 화장세계바다 서쪽에 다음 세계바다가 있으니 이름이 가애락보광명可愛樂寶光明이요, 그 세계종 가운데 국토가 있으니 이름이 출생상묘자신구出生上妙資身具요, 부처님의 명호는 향염공덕보장엄香焰功德寶莊嚴이었습니다. 저 여래의 대중바다 가운데 보살마하살이 있으니 이름이 월광향염보장엄月光香焰普莊嚴이었습니다.

여세계해미진수제보살 구 래예불소
與世界海微塵數諸菩薩로 俱하야 來詣佛所하사

각현십종일체보향중묘화누각운 변만허공
各現十種一切寶香衆妙華樓閣雲하야 遍滿虛空

이불산멸
하야 而不散滅하니라

세계바다 미진수의 모든 보살과 함께 부처님의 처소에 와서 각각 열 가지 온갖 보배향과 여러 가지 묘한 꽃누각구름을 나타내어, 허공에 두루 가득하게 하여 흩어지지 아니하였습니다.

부현십종무변색상중보왕누각운 부현십
復現十種無邊色相衆寶王樓閣雲하며 復現十
종보등향염누각운 부현십종일체진주누각
種寶燈香焰樓閣雲하며 復現十種一切眞珠樓閣
운 부현십종일체보화누각운 부현십종
雲하며 復現十種一切寶華樓閣雲하며 復現十種
보영락장엄누각운
寶瓔珞莊嚴樓閣雲하며

또 열 가지 무변 색상의 온갖 보배왕누각구름을 나타내며, 또 열 가지 보배등불향기불꽃누각구름을 나타내며, 또 열 가지 온갖 진주누각구름을 나타내며, 또 열 가지 온갖 보배꽃누각구름을 나타내며, 또 열 가지 보배영락으로 장엄한 누각구름을 나타내었습니다.

부현십종보현시방일체장엄광명장누각운
復現十種普現十方一切莊嚴光明藏樓閣雲

부현십종중보말간착장엄누각운 부현
하며 復現十種衆寶末間錯莊嚴樓閣雲하며 復現

십종중보주변시방일체장엄누각운 부현십
十種衆寶周徧十方一切莊嚴樓閣雲하며 復現十

종화문탁망누각운 여시등세계해미진수
種華門鐸網樓閣雲하시니 如是等世界海微塵數

누각운 실변허공 이불산멸
樓閣雲이 悉徧虛空하야 而不散滅이러라

또 열 가지 시방에 널리 나타내는 온갖 장엄광명장 누각구름을 나타내며, 또 열 가지 많은 보석가루로 사이사이에 장엄한 누각구름을 나타내며, 또 열 가지 온갖 보배로 시방에 두루 한 일체 장엄누각구름을 나타내며, 또 열 가지 꽃문의 방울그물인 누각구름을 나타내어서, 이와 같은 세계바다 미진수의 누각구름이 허공에 다 가득하여 흩어지지 아니하였습니다.

매일매일 새로운 날과 새로운 시간을 맞이하며 새로운 삶을 살아가는 이 일은 또한 얼마나 신기한 공양거리인가.

오늘이라는 날을 석가나 달마가 살아 보았던가. 공자나 맹자가 살아 보았던가. 새로운 나날이라는 이 사실보다 더 신기하고 위대한 공양이 또 있던가.

현시운이 향불작례 이위공양 즉어
現是雲已에 **向佛作禮**하사 **以爲供養**하고 **卽於**

서방 각화작진금엽대보장사자지좌 어기
西方에 **各化作眞金葉大寶藏獅子之座**하야 **於其**

좌상 결가부좌
座上에 **結跏趺坐**하시니라

이러한 구름을 나타내고 나서 부처님을 향하여 예배하며 공양하고 곧 서방에다 각각 진금엽眞金葉 대보장大寶藏 사자좌를 변화하여 만들고, 그 사자좌 위에 가부좌를 맺고 앉았습니다.

4) 북방의 비유리毘琉璃세계

차화장세계해북 차유세계해 명비유리
此華藏世界海北에 **次有世界海**하니 **名毘琉璃**

연화광원만장 피세계종중 유국토 명우
蓮華光圓滿藏이요 **彼世界種中**에 **有國土**하니 **名優**

발라화장엄 불호 보지당음왕 어피여
鉢羅華莊嚴이요 **佛號**는 **普智幢音王**이시며 **於彼如**

래대중해중 유보살마하살 명사자분신광
來大衆海中에 **有菩薩摩訶薩**하니 **名獅子奮迅光**

명
明이라

이 화장세계바다 북쪽에 다음 세계바다가 있으니, 이름이 비유리연화광원만장毘琉璃蓮華光圓滿藏이요, 그 세계종 가운데 국토가 있으니 이름이 우발라화장엄優鉢羅華莊嚴이요, 부처님의 명호는 보지당음왕普智幢音王이었습니다. 저 여래의 대중바다 가운데 보살마하살이 있으니 이름이 사자분신광명獅子奮迅光明이었습니다.

여세계해미진수제보살 구 래예불소
與世界海微塵數諸菩薩로 俱하야 來詣佛所하사

각현십종일체향마니중묘수운 변만허공
各現十種一切香摩尼衆妙樹雲하야 徧滿虛空하야

이불산멸
而不散滅하니라

세계바다 미진수 모든 보살과 함께 부처님의 처소에 와서 각각 열 가지 온갖 향 마니로 된 여러 묘한 나무 구름을 나타내어 허공에 두루 가득하여 흩어지지 아니하였습니다.

부현십종밀엽묘향장엄수운 부현십종화
復現十種密葉妙香莊嚴樹雲하며 復現十種化

현일체무변색상수장엄수운 부현십종일체
現一切無邊色相樹莊嚴樹雲하며 復現十種一切

화주포장엄수운 부현십종일체보염원만광
華周布莊嚴樹雲하며 復現十種一切寶焰圓滿光

장엄수운 부현십종현일체전단향보살신장
莊嚴樹雲하며 復現十種現一切栴檀香菩薩身莊

엄수운
嚴樹雲하며

또 열 가지 빽빽한 나뭇잎 묘한 향기로 장엄한 나무구름을 나타내며, 또 열 가지 온갖 그지없는 색상의 나무 장엄을 화현化現하는 나무구름을 나타내며, 또 열 가지 온갖 꽃이 두루 펼쳐 장엄한 나무구름을 나타내며, 또 열 가지 온갖 보배불꽃이 원만한 광명으로 장엄한 나무구름을 나타내며, 또 열 가지 온갖 전단향보살 몸을 나타내어 장엄하는 나무구름을 나타내었습니다.

부현십종현왕석도량처부사의장엄수운
復現十種現往昔道場處不思議莊嚴樹雲하며

부현십종중보의복장여일광명수운 부현십
復現十種衆寶衣服藏如日光明樹雲하며 **復現十**

종보발일체열의음성수운 여시등세계해
種普發一切悅意音聲樹雲하시니 **如是等世界海**

미진수수운 실변허공 이불산멸
微塵數樹雲이 **悉徧虛空**하야 **而不散滅**이러라

또 열 가지 지난 옛적 도량 처소가 부사의함을 나타내어 장엄하는 나무구름을 나타내며, 또 열 가지 온갖 보배의복창고가 햇빛처럼 밝은 나무구름을 나타내며, 또 열 가지 온갖 마음을 즐겁게 하는 음성을 널리 내는 나무구름을 나타내시어, 이와 같은 세계바다 미진수 나무구름이 허공에 다 두루 하여 흩어지지 아니하였습니다.

눈을 뜨고 자신의 주변을 살펴보라. 귀를 열고 들리는 소리를 들어 보라. 지금 이대로 얼마나 신기한 광경인가. 싯다르타는 35세 되던 해에 비로소 지혜의 눈을 뜨고 "신기하고 신기하여라, 이 세상이여. 신기하고 신기하여라, 인생이여." 라고 하지 않았던가. 지금 우리도 눈을 뜨고 세상을 살피고 인생을 관조한다면 실로 신기하기 이를 데 없다. 세상이 그대로 훌륭한 공양거리이다.

현시운이 향불작례 이위공양 즉어
現是雲已에 向佛作禮하사 以爲供養하고 卽於

북방 각화작마니등연화장사자지좌 어기
北方에 各化作摩尼燈蓮華藏獅子之座하야 於其

좌상 결가부좌
座上에 結跏趺坐하시니라

이러한 구름을 나타내고 나서 부처님을 향하여 예배하며 공양하고 곧 북방에다 각각 마니등摩尼燈 연화장蓮華藏 사자좌를 변화하여 만들고, 그 사자좌 위에 가부좌를 맺고 앉았습니다.

5) 동북방의 염부단금閻浮檀金세계

차화장세계해동북방 차유세계해 명염
此華藏世界海東北方에 次有世界海하니 名閻

부단금파려색당 피세계종중 유국토 명
浮檀金玻瓈色幢이요 彼世界種中에 有國土하니 名

중보장엄 불호 일체법무외등 어피여래
衆寶莊嚴이요 佛號는 一切法無畏燈이시며 於彼如來

대중해중 유보살마하살 명최승광명등무
大衆海中에 有菩薩摩訶薩하니 名最勝光明燈無

진 공 덕 장
盡功德藏이라

이 화장세계바다 동북방에 다음 세계바다가 있으니 이름이 염부단금파려색당閻浮檀金玻瓈色幢이요, 그 세계종 가운데 국토가 있으니 이름이 중보장엄衆寶莊嚴이요, 부처님의 명호는 일체법무외등一切法無畏燈이었습니다. 저 여래의 대중바다 가운데 보살마하살이 있으니 이름이 최승광명등무진공덕장最勝光明燈無盡功德藏이었습니다.

여 세 계 해 미 진 수 제 보 살 구 래 예 불 소
與世界海微塵數諸菩薩로 **俱**하야 **來詣佛所**하사
각 현 십 종 무 변 색 상 보 연 화 장 사 자 좌 운 변 만
各現十種無邊色相寶蓮華藏獅子座雲하야 **徧滿**
허 공 이 불 산 멸
虛空하야 **而不散滅**하니라

세계바다 미진수 모든 보살들과 함께 부처님의 처소에 와서 각각 열 가지 끝없는 색상의 보배연화장사자좌 구름을 나타내어 허공에 두루 가득하여 흩어지지 아니하였습니다.

부현십종마니왕광명장사자좌운　　부현십
復現十種摩尼王光明藏獅子座雲하며 復現十

종일체장엄구종종교식사자좌운　　부현십종
種一切莊嚴具種種校飾獅子座雲하며 復現十種

중보만등염장사자좌운　　부현십종보우보영
衆寶鬘燈焰藏獅子座雲하며 復現十種普雨寶瓔

락사자좌운　　부현십종일체향화보영락장사
珞獅子座雲하며 復現十種一切香華寶瓔珞藏獅

자좌운
子座雲하며

다시 또 열 가지 마니왕광명장사자좌구름을 나타내며, 또 열 가지 온갖 장엄거리로써 여러 가지로 꾸민 사자좌구름을 나타내며, 또 열 가지 온갖 보배로 된 화만등불꽃장인 사자좌구름을 나타내며, 또 열 가지 보배영락을 널리 비 내리는 사자좌구름을 나타내며, 또 열 가지 온갖 향기 나는 꽃 보배영락장인 사자좌구름을 나타내었습니다.

부현십종시현일체불좌장엄마니왕장사자
復現十種示現一切佛座莊嚴摩尼王藏獅子

좌운 부현십종호유계체급제영락일체장엄
座雲하며 復現十種戶牖階砌及諸瓔珞一切莊嚴

사자좌운 부현십종일체마니수보지경장사
獅子座雲하며 復現十種一切摩尼樹寶枝莖藏獅

자좌운 부현십종보향간식일광명장사자좌
子座雲하며 復現十種寶香間飾日光明藏獅子座

운 여시등세계해미진수사자좌운 실변
雲하시니 如是等世界海微塵數獅子座雲이 悉徧

허공 이불산멸
虛空하야 而不散滅이러라

또 열 가지 모든 부처님 자리의 장엄을 나타내 보이는 마니왕장인 사자좌구름을 나타내며, 또 열 가지 문과 창과 섬돌과 모든 영락으로 온갖 것을 장엄한 사자좌구름을 나타내며, 또 열 가지 온갖 마니로 된 나무의 보배가지와 줄기장인 사자좌구름을 나타내며, 또 열 가지 보배향으로 사이사이에 꾸민 햇빛광명장인 사자좌구름을 나타내어서, 이러한 세계바다 미진수 사자좌구름이 허공에 다 두루 하여 흩어지지 아니하였습니다.

지금 여기서 이대로 공양을 누리지 못한다면 언제 어디에서 공양을 누리랴. 경문에서 나열한, 제대로 읽기도 어려운 현란한 공양거리들을 반드시 만나 보아야 하는가. 지금 여기에서 눈과 귀와 코와 혀와 몸과 생각으로 누리는 이 무량대복과 만발공양을 버리고 다시 어디 가서 또 공양을 찾는단 말인가. 지금 이대로 부족한 것이 무엇인가[欠少甚麼].

현시운이 향불작례 이위공양 즉어
現是雲已에 **向佛作禮**하사 **以爲供養**하고 **卽於**

동북방 각화작보연화마니광당사자지좌
東北方에 **各化作寶蓮華摩尼光幢獅子之座**하야

어기좌상 결가부좌
於其座上에 **結跏趺坐**하시니라

이러한 구름을 나타내고 나서 부처님을 향하여 예배하며 공양하고 곧 동북방에다 각각 보배연꽃마니빛깃대인 사자좌를 변화하여 만들고, 그 사자좌 위에 가부좌를 맺고 앉았습니다.

6) 동남방의 금장엄金莊嚴세계

차화장세계해동남방 차유세계해 명금
此華藏世界海東南方에 次有世界海하니 名金
장엄유리광보조 피세계종중 유국토 명
莊嚴琉璃光普照요 彼世界種中에 有國土하니 名
청정향광명 불호 보희심신왕 어피여
淸淨香光明이요 佛號는 普喜深信王이시며 於彼如
래대중해중 유보살마하살 명혜등보명
來大衆海中에 有菩薩摩訶薩하니 名慧燈普明이라

이 화장세계바다 동남방에 다음 세계바다가 있으니 이름이 금장엄유리광보조金莊藏琉璃光普照요, 그 세계종 가운데 국토가 있으니 이름이 청정향광명淸淨香光明이요, 부처님의 명호는 보희심신왕普喜深信王이었습니다. 저 여래의 대중바다 가운데 보살마하살이 있으니 이름이 혜등보명慧燈普明이었습니다.

여세계해미진수제보살 구 래예불소
與世界海微塵數諸菩薩로 俱하야 來詣佛所하사

각 현 십 종 일 체 여 의 왕 마 니 장 운 변 만 허 공
各現十種一切如意王摩尼帳雲하야 徧滿虛空하야

이 불 산 멸
而不散滅하며

세계바다 미진수 모든 보살과 함께 부처님의 처소에 와서 각각 열 가지 온갖 여의왕如意王마니로 된 휘장구름을 나타내어 허공에 두루 가득하여 흩어지지 아니하였습니다.

부 현 십 종 제 청 보 일 체 화 장 엄 장 운 부 현 십
復現十種帝青寶一切華莊嚴帳雲하며 復現十

종 일 체 향 마 니 장 운 부 현 십 종 보 염 등 장 운
種一切香摩尼帳雲하며 復現十種寶焰燈帳雲하며

부 현 십 종 시 현 불 신 통 설 법 마 니 왕 장 운 부 현
復現十種示現佛神通說法摩尼王帳雲하며 復現

십 종 현 일 체 의 복 장 엄 색 상 마 니 장 운
十種現一切衣服莊嚴色像摩尼帳雲하며

또 열 가지 제청帝青보배와 온갖 꽃으로 장엄한 휘장구름을 나타내며, 또 열 가지 온갖 향마니인 휘장구름

을 나타내며, 또 열 가지 보배불꽃등불인 휘장구름을 나타내며, 또 열 가지 부처님의 신통과 설법을 나타내 보이는 마니왕인 휘장구름을 나타내며, 또 열 가지 온갖 의복 장엄의 색상을 나타내는 마니인 휘장구름을 나타내었습니다.

부현십종일체보화총광명장운 부현십종
復現十種一切寶華叢光明帳雲하며 復現十種
보망영탁음장운 부현십종마니위대연화위
寶網鈴鐸音帳雲하며 復現十種摩尼爲臺蓮華爲
망장운 부현십종현일체부사의장엄구색상
網帳雲하며 復現十種現一切不思議莊嚴具色像
장운 여시등세계해미진수중보장운 실변
帳雲하시니 如是等世界海微塵數衆寶帳雲이 悉徧
허공 이불산멸
虛空하야 而不散滅이러라

또 열 가지 온갖 보배꽃무더기의 광명인 휘장구름을 나타내며, 또 열 가지 보배그물풍경소리인 휘장구름을 나타내며, 또 열 가지 마니로 좌대가 되고 연꽃으로 그

물이 된 휘장구름을 나타내며, 또 열 가지 온갖 부사의한 장엄거리의 색상을 나타내는 휘장구름을 나타내어, 이와 같은 세계바다 미진수의 온갖 보배로 된 휘장구름이 허공에 다 두루 하여 흩어지지 아니하였습니다.

우리들 진여자성의 무량공덕 생명이 그대로 부처님의 무량공덕 생명이거늘 달리 무슨 무량공덕 생명의 공양을 찾으랴. 우리들 법성 생명의 만행만덕이 그대로 부처님의 만행만덕이거늘 달리 무슨 만행만덕의 공양을 찾으랴.

현시운이 향불작례 이위공양 즉어
現是雲已에 **向佛作禮**하사 **以爲供養**하고 **卽於**
동남방 각화작보연화장사자지좌 어기좌
東南方에 **各化作寶蓮華藏獅子之座**하야 **於其座**
상 결가부좌
上에 **結跏趺坐**하시니라

이러한 구름을 나타내고 나서 부처님을 향하여 예배하며 공양하고, 곧 동남방에다 각각 보배연화장사자좌를 변화하여 만들고, 그 사자좌 위에 가부좌를 맺고 앉았습니다.

7) 서남방의 일광변조日光徧照세계

차화장세계해서남방 차유세계해 명일
此華藏世界海西南方에 **次有世界海**하니 **名日**

광변조 피세계종중 유국토 명사자일광
光徧照요 **彼世界種中**에 **有國土**하니 **名獅子日光**

명 불호 보지광명음 어피여래대중해
明이요 **佛號**는 **普智光明音**이시며 **於彼如來大衆海**

중 유보살마하살 명보화광염계
中에 **有菩薩摩訶薩**하니 **名普華光焰髻**라

이 화장세계바다 서남방에 다음 세계바다가 있으니 이름이 일광변조日光徧照요, 그 세계종 가운데 국토가 있으니 이름이 사자일광명獅子日光明이요, 부처님의 명호는 보지광명음普智光明音이었습니다. 저 여래의 대중 가운데 보살마하살이 있으니 이름이 보화광염계普華光焰髻이었습니다.

여세계해미진수제보살 구 래예불소
與世界海微塵數諸菩薩로 俱하야 來詣佛所하사

각현십종중묘장엄보개운 변만허공 이불
各現十種衆妙莊嚴寶蓋雲하야 徧滿虛空하야 而不

산멸
散滅하니라

세계바다 미진수의 모든 보살과 함께 부처님의 처소에 와서 각각 열 가지 온갖 묘하게 장엄한 보배일산구름을 나타내어 허공에 두루 가득하여 흩어지지 아니하였습니다.

부현십종광명장엄화개운 부현십종무변
復現十種光明莊嚴華蓋雲하며 復現十種無邊

색진주장개운 부현십종출일체보살비민음
色眞珠藏蓋雲하며 復現十種出一切菩薩悲愍音

마니왕개운 부현십종중묘보염만개운 부
摩尼王蓋雲하며 復現十種衆妙寶焰鬘蓋雲하며 復

현십종묘보엄식수망탁개운
現十種妙寶嚴飾垂網鐸蓋雲하며

또 열 가지 광명으로 장엄한 꽃일산구름을 나타내며, 또 열 가지 그지없는 빛진주창고인 일산구름을 나타내며, 또 열 가지 온갖 보살의 불쌍히 여기는 음성을 내는 마니왕인 일산구름을 나타내며, 또 열 가지 온갖 미묘한 보배불꽃화만인 일산구름을 나타내며, 또 열 가지 묘한 보배로 꾸며진 그물방울을 드리운 일산구름을 나타내었습니다.

부현십종마니수지장엄개운 부현십종일
復現十種摩尼樹枝莊嚴蓋雲하며 復現十種日

광보조마니왕개운 부현십종일체도향소향
光普照摩尼王蓋雲하며 復現十種一切塗香燒香

개운 부현십종전단장개운 부현십종광
蓋雲하며 復現十種栴檀藏蓋雲하며 復現十種廣

대불경계보광명장엄개운 여시등세계해
大佛境界普光明莊嚴蓋雲하시니 如是等世界海

미진수중보개운 실변허공 이불산멸
微塵數衆寶蓋雲이 悉徧虛空하야 而不散滅이러라

또 열 가지 마니나뭇가지로 장엄된 일산구름을 나타

내며, 또 열 가지 햇빛이 널리 비치는 마니왕인 일산구름을 나타내며, 또 열 가지 온갖 바르는 향과 사르는 향인 일산구름을 나타내며, 또 열 가지 전단창고인 일산구름을 나타내며, 또 열 가지 넓고 큰 부처님의 경계의 넓은 광명으로 장엄한 일산구름을 나타내어, 이와 같은 세계바다 미진수의 온갖 보배일산구름이 허공에 다 두루 하여 흩어지지 아니하였습니다.

눈에 보이는 것도 귀에 들리는 것도 코에 맡아지는 것도 혀에 맛보아지는 것도 언제나 허공에 다 두루 하여 흩어지지 아니하거늘 무엇이 부족하고 모자라서 더 좋은 공양을 찾으려는가. 진여자성의 원만구족을 깨달아야 할 일이다. 법성 생명의 광대무변에 눈떠야 할 일이다.

현시운이 향불작례 이위공양 즉어
現是雲已에 **向佛作禮**하사 **以爲供養**하고 **卽於**

서남방 각화작제청보광염장엄장사자지좌
西南方에 **各化作帝青寶光焰莊嚴藏獅子之座**하야

어기좌상 결가부좌
於其座上에 **結跏趺坐**하시니라

이러한 구름을 나타내고 나서 부처님을 향하여 예배하며 공양하고 곧 서남방에다 각각 제청보배빛불꽃으로 장엄한 창고인 사자좌를 변화하여 만들고, 그 사자좌 위에 가부좌를 맺고 앉았습니다.

8) 서북방의 보광조요寶光照耀세계

차화장세계해서북방 차유세계해 명보
此華藏世界海西北方에 **次有世界海**하니 **名寶**

광조요 피세계종중 유국토 명중향장엄
光照耀요 **彼世界種中**에 **有國土**하니 **名衆香莊嚴**이요

불호 무량공덕해광명 어피여래대중해
佛號는 **無量功德海光明**이시며 **於彼如來大衆海**

중 유보살마하살 명무진광마니왕
中에 **有菩薩摩訶薩**하니 **名無盡光摩尼王**이라

이 화장세계바다 서북방에 다음 세계바다가 있으니 이름이 보광조요寶光照耀요, 그 세계종 가운데 국토가 있

으니 이름이 중향장엄衆香莊嚴이요, 부처님의 명호는 무량공덕해광명無量功德海光明이었습니다. 저 여래의 대중바다 가운데 보살마하살이 있으니 이름이 무진광마니왕無盡光摩尼王이었습니다.

여세계해미진수제보살 구 래예불소
與世界海微塵數諸菩薩로 **俱**하야 **來詣佛所**하사
각현십종일체보원만광운 변만허공 이
各現十種一切寶圓滿光雲하야 **徧滿虛空**하야 **而**
불산멸
不散滅하니라

세계바다 미진수의 모든 보살과 함께 부처님의 처소에 와서 각각 열 가지 온갖 보배가 원만한 광명구름을 나타내어 허공에 두루 가득하여 흩어지지 아니하였습니다.

부현십종일체보염원만광운 부현십종일
復現十種一切寶焰圓滿光雲하며 **復現十種一**

체 묘 화 원 만 광 운　부 현 십 종 일 체 화 불 원 만 광
切妙華圓滿光雲하며 復現十種一切化佛圓滿光
운　부 현 십 종 시 방 불 토 원 만 광 운　부 현 십
雲하며 復現十種十方佛土圓滿光雲하며 復現十
종 불 경 계 뇌 성 보 수 원 만 광 운
種佛境界雷聲寶樹圓滿光雲하며

또 열 가지 온갖 보배불꽃이 원만한 광명구름을 나타내며, 또 열 가지 온갖 묘한 꽃이 원만한 광명구름을 나타내며, 또 열 가지 온갖 화신化身 부처님의 원만한 광명구름을 나타내며, 또 열 가지 시방의 부처님 국토가 원만한 광명구름을 나타내며, 또 열 가지 부처님 경계의 우레소리보배나무가 원만한 광명구름을 나타내었습니다.

부 현 십 종 일 체 유 리 보 마 니 왕 원 만 광 운　부
復現十種一切琉璃寶摩尼王圓滿光雲하며 復
현 십 종 일 념 중 현 무 변 중 생 상 원 만 광 운　부 현
現十種一念中現無邊衆生相圓滿光雲하며 復現

십종연일체여래대원음원만광운 부현십종
十種演一切如來大願音圓滿光雲하며 復現十種

연화일체중생음마니왕원만광운 여시등
演化一切衆生音摩尼王圓滿光雲하시니 如是等

세계해미진수원만광운 실변허공 이불산
世界海微塵數圓滿光雲이 悉徧虛空하야 而不散

멸
滅이러라

또 열 가지 온갖 유리보배와 마니왕이 원만한 광명구름을 나타내며, 또 열 가지 한 생각 속에 그지없는 중생들의 모습을 나타냄이 원만한 광명구름을 나타내며, 또 열 가지 일체 여래의 큰 서원의 소리를 냄이 원만한 광명구름을 나타내며, 또 열 가지 모든 중생을 교화하는 소리를 내는 마니왕이 원만한 광명구름을 나타내어서, 이와 같은 세계바다 미진수의 원만한 광명구름이 허공에 다 두루 하여 흩어지지 아니하였습니다.

그러나 굳이 형식을 갖추어서 부처님께 공양거리를 나타내어 바치고 예배를 드린 후, 각자가 온 방향에다 그지없는 광명과 위덕威德의 창고인 사자좌를 변화하여 만들고, 그 사자좌 위에 가부좌를 맺고 앉는 공양도 또한 작용이 없는 가운데 풍성한 작용이 있음을 보이는 일이다. 즉, 무공용無功用 중의 공용功用이며 공용 중의 무공용이다.

현시운이　향불작례　이위공양　즉어
現是雲已에 **向佛作禮**하사 **以爲供養**하고 **卽於**
서북방　각화작무진광명위덕장사자지좌
西北方에 **各化作無盡光明威德藏獅子之座**하야
어기좌상　결가부좌
於其座上에 **結跏趺坐**하시니라

이러한 구름을 나타내고 나서 부처님을 향하여 예배하며 공양하고 곧 서북방에다 각각 그지없는 광명과 위덕威德의 창고인 사자좌를 변화하여 만들고, 그 사자좌 위에 가부좌를 맺고 앉았습니다.

9) 하방의 연화향蓮華香세계

차화장세계해하방 차유세계해 명연화
此華藏世界海下方에 次有世界海하니 名蓮華

향묘덕장 피세계종중 유국토 명보사자
香妙德藏이요 彼世界種中에 有國土하니 名寶獅子

광명조요 불호 법계광명 어피여래대중
光明照耀요 佛號는 法界光明이시며 於彼如來大衆

해중 유보살마하살 명법계광염혜
海中에 有菩薩摩訶薩하니 名法界光焰慧라

이 화장세계바다 하방에 다음 세계바다가 있으니 이름이 연화향묘덕장蓮華香妙德藏이요, 그 세계종 가운데 국토가 있으니 이름이 보사자광명조요寶獅子光明照耀요, 부처님의 명호는 법계광명法界光明이었습니다. 저 여래의 대중바다 가운데 보살마하살이 있으니 이름이 법계광염혜法界光焰慧이었습니다.

여세계해미진수제보살 구 래예불소
與世界海微塵數諸菩薩로 俱하야 來詣佛所하사

각현십종일체마니장광명운 변만허공
各現十種一切摩尼藏光明雲하야 徧滿虛空하야

이불산멸
而不散滅하니라

세계바다 미진수의 모든 보살과 함께 부처님의 처소에 와서 각각 열 가지 온갖 마니창고광명구름을 나타내어 허공에 두루 가득하여 흩어지지 아니하였습니다.

부현십종일체향광명운 부현십종일체보
復現十種一切香光明雲하며 復現十種一切寶

염광명운 부현십종출일체불설법음광명운
焰光明雲하며 復現十種出一切佛說法音光明雲

부현십종현일체불토장엄광명운 부현
하며 復現十種現一切佛土莊嚴光明雲하며 復現

십종일체묘화누각광명운
十種一切妙華樓閣光明雲하며

또 열 가지 온갖 향광명구름을 나타내며, 또 열 가지 온갖 보배불꽃광명구름을 나타내며, 또 열 가지 모든 부처님의 설법하는 소리를 내는 광명구름을 나타내며,

또 열 가지 모든 부처님 국토의 장엄을 나타내는 광명구름을 나타내며, 또 열 가지 온갖 미묘한 꽃누각광명구름을 나타내었습니다.

부 현 십 종 현 일 체 겁 중 제 불 교 화 중 생 사 광 명
復現十種現一切劫中諸佛教化衆生事光明

운　　부 현 십 종 일 체 무 진 보 화 예 광 명 운　　부
雲하며 **復現十種一切無盡寶華蘂光明雲**하며 **復**

현 십 종 일 체 장 엄 좌 광 명 운　　여 시 등 세 계 해
現十種一切莊嚴座光明雲하시니 **如是等世界海**

미 진 수 광 명 운　실 변 허 공　　이 불 산 멸
微塵數光明雲이 **悉徧虛空**하야 **而不散滅**이러라

또 열 가지 모든 겁 가운데 모든 부처님이 중생을 교화하는 일을 나타내는 광명구름을 나타내며, 또 열 가지 온갖 끝없는 보배꽃술광명구름을 나타내며, 또 열 가지 온갖 것으로 장엄한 자리의 광명구름을 나타내어, 이와 같은 세계바다 미진수의 광명구름이 허공에 다 두루 하여 흩어지지 아니하였습니다.

눈앞에 펼쳐진 삼라만상과 천지만물을 아무리 찬탄한들 그 끝이 있으랴. 참으로 신기하고 신기한 일이로다. 그리고 저 온갖 소리들은 어찌하여 그렇게 들려 오는가. 그 또한 신기하고 신기한 일이로다. 열 가지, 백 가지, 천 가지, 만 가지, 억만 가지 광명구름이 아니던가.

현시운이 향불작례 이위공양 즉어
現是雲已에 **向佛作禮**하사 **以爲供養**하고 **卽於**

하방 각화작보염등연화장사자지좌 어기
下方에 **各化作寶焰燈蓮華藏獅子之座**하야 **於其**

좌상 결가부좌
座上에 **結跏趺坐**하시니라

이러한 구름을 나타내고 나서 부처님을 향하여 예배하며 공양하고 곧 하방에다 각각 보배불꽃등연화장인 사자좌를 변화하여 만들고, 그 사자좌 위에 가부좌를 맺고 앉았습니다.

10) 상방의 마니보摩尼寶세계

차 화 장 세 계 해 상 방 차 유 세 계 해 명 마 니
此華藏世界海上方에 **次有世界海**하니 **名摩尼**

보 조 요 장 엄 피 세 계 종 중 유 국 토 명 무 상
寶照耀莊嚴이요 **彼世界種中**에 **有國土**하니 **名無相**

묘 광 명 불 호 무 애 공 덕 광 명 왕 어 피 여
妙光明이요 **佛號**는 **無礙功德光明王**이시며 **於彼如**

래 대 중 해 중 유 보 살 마 하 살 명 무 애 력 정 진
來大衆海中에 **有菩薩摩訶薩**하니 **名無礙力精進**

혜
慧라

이 화장세계바다 상방에 다음 세계바다가 있으니 이름이 마니보조요장엄摩尼寶照耀莊嚴이요, 그 세계종 가운데 국토가 있으니 이름이 무상묘광명無相妙光明이요 부처님 명호는 무애공덕광명왕無礙功德光明王이었습니다. 저 여래의 대중바다 가운데 보살마하살이 있으니 이름이 무애력정진혜無礙力精進慧였습니다.

여세계해미진수제보살 구 래예불소
與世界海微塵數諸菩薩로 俱하야 來詣佛所하사

각현십종무변색상보광염운 변만허공
各現十種無邊色相寶光焰雲하야 徧滿虛空하야

이불산멸
而不散滅하니라

세계바다 미진수의 모든 보살과 함께 부처님의 처소에 와서 각각 열 가지 그지없는 색상의 보석 빛나는 불꽃구름을 나타내어 허공에 두루 가득하여 흩어지지 아니하였습니다.

부현십종마니보망광염운 부현십종일체
復現十種摩尼寶網光焰雲하며 復現十種一切

광대불토장엄광염운 부현십종일체묘향광
廣大佛土莊嚴光焰雲하며 復現十種一切妙香光

염운 부현십종일체장엄광염운 부현십
焰雲하며 復現十種一切莊嚴光焰雲하며 復現十

종제불변화광염운
種諸佛變化光焰雲하며

또 열 가지 마니보배그물 빛나는 불꽃구름을 나타내며, 또 열 가지 온갖 광대한 부처님의 국토 장엄 빛나는 불꽃구름을 나타내며, 또 열 가지 온갖 묘한 향 빛나는 불꽃구름을 나타내며, 또 열 가지 온갖 장엄 빛나는 불꽃구름을 나타내며, 또 열 가지 모든 부처님의 변화인 빛나는 불꽃구름을 나타내었습니다.

부현십종중묘수화광염운 부현십종일체
復現十種衆妙樹華光焰雲하며 復現十種一切
금강광염운 부현십종설무변보살행마니광
金剛光焰雲하며 復現十種說無邊菩薩行摩尼光
염운 부현십종일체진주등광염운 여시
焰雲하며 復現十種一切眞珠燈光焰雲하시니 如是
등세계해미진수광염운 실변허공 이불산
等世界海微塵數光焰雲이 悉徧虛空하야 而不散
멸
滅이러라

또 열 가지 온갖 묘한 나무와 꽃 빛나는 불꽃구름을 나타내며, 또 열 가지 모든 금강 빛나는 불꽃구름을 나타내며, 또 열 가지 그지없는 보살행을 연설하는 마니보석 빛나는 불꽃구름을 나타내며, 또 열 가지 온갖 진주등燈빛나는 불꽃구름을 나타내어서, 이와 같은 세계바다 미진수의 빛나는 불꽃구름이 허공에 다 두루 하여 흩어지지 아니하였습니다.

현시운이 향불작례 이위공양 즉어상
現是雲已에 **向佛作禮**하사 **以爲供養**하고 **卽於上**

방 각화작연불음성광명연화장사자지좌
方에 **各化作演佛音聲光明蓮華藏獅子之座**하야

어기좌상 결가부좌
於其座上에 **結跏趺坐**하시니라

이러한 구름을 나타내고 나서 부처님을 향하여 예배하며 공양하고 곧 상방에다 각각 부처님 음성을 내는 광명인 연화장蓮華藏사자좌를 변화하여 만들고, 그 사자좌 위에 가부좌를 맺고 앉았습니다.

동서남북 사유상하 시방에서 각각 열 가지 공양구름을 나타내었으므로 백 가지의 공양구름이 된다. 화엄경의 가르침은 삼라만상 천지만물 일체 존재가 지금 이대로 완전무결하고 서로가 걸림이 없는 대자유의 부처님이며, 또한 아름다운 꽃으로 장엄한 성스러운 대중으로서의 화엄성중이라는 원융무애 사상을 밝히는 내용이다. 열 곳에서 각각 열 가지 공양구름을 나타내는 법문의 형식도 역시 모든 존재는 낱낱이 완전무결하며 서로가 원융무애하다는 뜻을 드러내고 있다. 즉 방법과 내용이 하나임을 나타내 보인 것이다. 그러므로 불교에서는 어떤 방법과 수단을 사용하더라도 목적만 달성하면 된다는 말은 쓰지 않는다. 방법이 옳아야 목적이 옳다는 사상이다. 과정이나 방법이 곧 목적이기 때문이다. 하루하루 한순간 한순간의 삶이 인생의 전부다.

4. 총결

여시등십억불찰미진수세계해중 유십억
如是等十億佛刹微塵數世界海中에 有十億

불찰미진수보살마하살 일일각유세계해미
佛刹微塵數菩薩摩訶薩이 一一各有世界海微

진수제보살중 전후위요 이래집회 시
塵數諸菩薩衆의 前後圍遶하야 以來集會하사 是

제보살 일일각현세계해미진수종종장엄제
諸菩薩이 一一各現世界海微塵數種種莊嚴諸

공양운 실변허공 이불산멸 현시운
供養雲하야 悉徧虛空하야 而不散滅이러라 現是雲

이 향불작례 이위공양 수소래방 각
已에 向佛作禮하사 以爲供養하고 隨所來方하야 各

화작종종보장엄사자지좌 어기좌상 결가
化作種種寶莊嚴獅子之座하야 於其座上에 結跏

부좌
趺坐하시니라

이와 같이 십억 부처님 세계 미진수와 같은 세계바다 가운데 십억 부처님 세계 미진수의 보살마하살이 있는데 낱낱이 각각 세계바다 미진수의 모든 보살 대중들이 있어서 앞뒤에 둘러싸고 와서 모였습니다. 이러한 모든 보살들이 낱낱이 각각 세계바다 미진수의 갖가지 장엄과 여러 공양구름을 나타내어서 허공에 다 두루 하여 흩어지지 아니하였습니다.

이러한 구름을 나타내고 나서 부처님을 향하여 예배하며 공양하고 온 곳의 방위를 따라서 각각 갖가지 보배로 장엄한 사자좌를 변화하여 만들고 그 사자좌 위에 가부좌를 맺고 앉았습니다.

앞에서 화장세계를 중심으로 동서남북 사유상하 시방에서 모여 온 보살들의 광경을 설하였다. 그러나 그것뿐만 아니다. 이와 같은 시방세계와 같은 것이 십억 세계가 있고 다시 낱낱 세계 미진수의 보살들이 똑같이 여래를 앞뒤로 에워싸고 와서 모였다. 그들도 역시 시방에서 모여 온 보살들과 같이 낱낱이 각각 미진수의 가지가지 공양구름을 나타내어 허공에 가득하여 흩어지지 아니하였다. 그리고 다시 부처님을 향해 예배하며 공양하고는 각자가 온 방위를 따라 사자좌를 만들어 그 위에 가부좌를 맺고 앉았다.

작은 먼지와 미세한 세포에서부터 수천 억 광년 저 멀리까지의 온 우주가 그대로 부처님이며, 보살들이며, 공양구름들로 이뤄진 화장장엄세계바다다. 그 무엇도 이와 같은 화장장엄세계에서 벗어난 것은 없다는 이치를 설파하였다.

그래서 경전에서는 "세계바다 미진수의 모든 보살과 함께 부처님의 처소에 와서 각각 열 가지 그지없는 색상의 보석 빛나는 불꽃구름을 나타내어 허공에 두루 가득하여 흩어지지 아니하였습니다."라고 하였다.

5. 모공방광

여시좌이 기제보살신모공중 일일각현
如是坐已에 其諸菩薩身毛孔中에 一一各現

십세계해미진수일체보종종색광명 일일광
十世界海微塵數一切寶種種色光明하고 一一光

중 실현십세계해미진수제보살 개좌연화장
中에 悉現十世界海微塵數諸菩薩이 皆坐蓮華藏

사자지좌
獅子之座하시니라

이와 같이 앉고 나서 그 모든 보살들의 몸에 있는 모공毛孔 속에서 낱낱이 각각 열 세계바다 미진수와 같은 온갖 보배 갖가지 색의 광명을 나타내었습니다. 또 낱낱 광명 속에서 모두 열 세계바다 미진수의 모든 보살들이 다 연화장사자좌에 앉아 있는 것을 나타내었습니다.

위에서 이야기한 십억 불찰미진수의 보살들, 그 보살들의 몸의 무수한 모공에서 온갖 광명을 나타내었다. 또다시 그 낱낱 광명에서 열 세계바다 미진수의 보살들이 사자좌에 앉아 있는 모습을 나타내었다. 그래서 세상은 온통 보살들뿐이다.

대승불교에서 이상적인 사람을 보살이라 한다. 세상 사람들이 모두 관음보살 지장보살 문수보살 보현보살과 같은 보살이었으면 하는 기대와 희망으로 불법을 전파하고 가르치는 것이다. 이와 같은 꿈의 실현을 위하여 화엄경은 이렇게 설하고 있다.

6. 미진세계

차제보살 실능변입일체법계제안립해 소
此諸菩薩이 **悉能徧入一切法界諸安立海**의 **所**

유미진 피일일진중 개유십불세계미진
有微塵하시니 **彼一一塵中**에 **皆有十佛世界微塵**

수제광대찰 일일찰중 개유삼세제불세존
數諸廣大刹하고 **一一刹中**에 **皆有三世諸佛世尊**

차제보살 실능변왕 친근공양
이어든 **此諸菩薩**이 **悉能徧往**하야 **親近供養**하시니라

이 모든 보살들이 모두 일체 법계 모든 안립安立한 바다의 먼지 속에 두루 들어갔으며, 그 낱낱 먼지 속에 모두 열 부처님 세계 미진수의 모든 광대한 세계가 있고, 낱낱 세계 속에 모두 삼세의 모든 부처님 세존이 계시는데, 이 모든 보살들이 다 두루 나아가서 친근하고 공양하였습니다.

위와 같은 이치를 법성게에서 간략하게 "하나의 작은 먼지 속에 시방세계를 함유하여 있고, 낱낱 먼지 속에도 다 또한 그와 같다."라고 하였다. 사람을 중심으로 하여 끝없이 미세하게 분석하여 들여다보면 인체를 구성하는 60조의 세포 속에 낱낱이 그와 꼭 같은 60조의 세포가 있고, 또 그 세포의 하나하나에도 역시 그와 꼭 같은 60조의 세포가 있다. 이와 같이 미세한 쪽으로도 끝이 없고 반대로 광대한 쪽으로도 역시 그와 같아서 끝이 없다.

현미경으로도 잘 보이지 않는 작은 세포 하나 속에 피와 뼈와 살과 머리카락과 눈과 귀와 코 등등의 모든 요소가 다 들어 있어서 그 세포 하나만으로 완전한 사람이 이뤄진다. 이러한 사실을 두고 "하나의 작은 먼지 속에 시방세계를 다 함유하고 있다."라고 한 것이다.

이와 같은 사실들을 경전에서는 "앞에서 열거한 그 많고 많은 보살들이 모두 일체 법계바다의 미진 속에 들어가고, 그 미진 속에 또 열 부처님 세계 미진수의 광대한 세계가 있다. 그 낱낱 세계마다 삼세의 제불 세존이 계신다. 미진수의 보살들은 모두모두 그 앞에 가서 부처님을 친근하고 공양

올린다."라고 하였다.

불법에서는 언제나 부처님이 주인공이다. 부처님이 말씀이 있든 없든 모든 보살들은 항상 부처님의 위신력을 받들어 그 힘으로 법을 설한다.

7. 보살들의 법문

어염념중 이몽자재시현법문 개오세계
於念念中에 以夢自在示現法門으로 開悟世界

해미진수중생 염념중 이시현일체제천몰
海微塵數衆生하며 念念中에 以示現一切諸天歿

생법문 개오세계해미진수중생 염념중
生法門으로 開悟世界海微塵數衆生하며 念念中에

이설일체보살행법문 개오세계해미진수중
以說一切菩薩行法門으로 開悟世界海微塵數衆

생 염념중 이보진동일체찰 탄불공덕
生하며 念念中에 以普震動一切刹하야 歎佛功德

신변법문 개오세계해미진수중생 염념
神變法門으로 開悟世界海微塵數衆生하며 念念

중 이엄정일체불국토 현시일체대원해법
中에 以嚴淨一切佛國土하야 顯示一切大願海法

문 개오세계해미진수중생
門으로 開悟世界海微塵數衆生하니라

생각 생각 속에서 꿈을 자재自在하게 나타내 보이는 법문으로 세계바다 미진수의 중생을 깨우치며, 생각 생각 속에서 온갖 천인天人들이 죽고 태어나는 것을 나타내 보이는 법문으로 세계바다 미진수의 중생을 깨우치며, 생각 생각 속에서 온갖 보살행을 설하는 법문으로 세계바다 미진수의 중생을 깨우쳤습니다.

또 생각 생각 속에 일체 세계를 진동해서 부처님의 공덕과 신통변화를 찬탄하는 법문으로 세계바다 미진수의 중생을 깨우치며, 생각 생각 속에서 모든 부처님의 국토를 엄정嚴淨히 해서 온갖 큰 서원誓願의 바다를 나타내 보이는 법문으로 세계바다 미진수의 중생을 깨우쳤습니다.

앞에서 열거한 그 많고 많은 보살들이 부처님을 도와서 교화를 드날리는 내용이다. 열 가지 법문을 나타내 보이고, 다시 그 법문으로 중생들이 이익을 얻는 것을 밝혔다. 먼저 다섯 가지 법문을 들었다. 처음은 꿈을 자재하게 나타내 보이는 법문이다. 10년을 무거운 병고와 장애를 가지고 살아도 꿈속에서는 아무런 장애가 없고 매우 건강하다. 꿈속에서는 사람도 날 수 있고 온 허공이 모두 물이며 그 물에서 헤엄을 친다. 이 얼마나 자유자재한가. 그리고 꿈을 깨듯이 깨달음을 얻는다. 불교에서는 꿈과 연관한 법문이 대단히 많다. 다음은 죽고 태어나는 법문이다. 주변에서 죽음을 맞이하는 현실보다 더 큰 법문이 또 있을까. 다음은 보살행을 설하는 법문이다. 불교의 최종 목적은 보살행의 실천이다. 다음은 부처님의 공덕과 신통변화를 찬탄하는 법문이다. 보통의 사람에게서 부처님의 공덕과 무한한 능력을 보고 찬탄하는 일은 곧 인간에 대한 최고의 신뢰다. 다음은 세상을 모두 불국토로 만드는 서원의 법문이다. 즉 세상 이대로가 불국토임을 깨우치는 법문이다.

염념중 이보섭일체중생언사불음성법문
念念中에 以普攝一切衆生言詞佛音聲法門

개오세계해미진수중생 염념중 이능우
으로 開悟世界海微塵數衆生하며 念念中에 以能雨

일체불법운법문 개오세계해미진수중생
一切佛法雲法門으로 開悟世界海微塵數衆生하며

염념중 이광명보조시방국토 주변법계
念念中에 以光明普照十方國土하야 周徧法界에

시현신변법문 개오세계해미진수중생
示現神變法門으로 開悟世界海微塵數衆生하며

염념중 이보현불신충변법계 일체여래해
念念中에 以普現佛身充徧法界하는 一切如來解

탈력법문 개오세계해미진수중생 염념
脫力法門으로 開悟世界海微塵數衆生하며 念念

중 이보현보살 건립일체중회도량해법문
中에 以普賢菩薩의 建立一切衆會道場海法門으로

개오세계해미진수중생 여시보변일체법계
開悟世界海微塵數衆生하야 如是普徧一切法界

수중생심 실령개오
하사 隨衆生心하야 悉令開悟케하니라

생각 생각 속에서 온갖 중생들의 말과 부처님의 음성을 널리 거두어들이는 법문으로 세계바다 미진수의 중생을 깨우치며, 생각 생각 속에서 모든 부처님 법의 구름을 능히 비 내리는 법문으로 세계바다 미진수의 중생을 깨우치며, 생각 생각 속에서 광명으로 시방국토를 널리 비추어 법계에 두루 하게 신통변화를 나타내 보이는 법문으로 세계바다 미진수의 중생을 깨우치며, 생각 생각 속에서 부처님의 몸이 법계에 충만함을 널리 나타내는 모든 여래의 해탈력解脫力법문으로 세계바다 미진수의 중생을 깨우치며, 생각 생각 속에서 보현보살의 온갖 대중이 모인 도량을 건립하는 법문으로 세계바다 미진수의 중생을 깨우치나니, 이와 같이 온 법계에 널리 두루 하여 중생들의 마음을 따라서 모두 다 깨닫게 하였습니다.

열 가지 법문 중 뒤의 다섯 가지이다. 첫째는 중생들의 말과 부처님의 말씀이라는 법문이다. 다음은 부처님의 설법이 비처럼 쏟아지는 법문이다. 다음은 광명으로 시방국토를 널리 비춘다는 법문이다. 다음은 부처님의 몸은 법계에 충만하다는 법문이다. 다음은 보현보살의 원력으로 모든 세상을 깨달음의 도량으로 건립한다는 법문이다. 이 모든 법문이 생각 생각과 순간순간에 이뤄진다는 것이다.

8. 중생들이 이익을 얻다

염념중 일일국토 각령여수미산미진수
念念中에 一一國土에 各令如須彌山微塵數

중생 타악도자 영리기고 각령여수미산
衆生의 墮惡道者로 永離其苦하며 各令如須彌山

미진수중생 주사정자 입정정취 각령여
微塵數衆生의 住邪定者로 入正定聚하며 各令如

수미산미진수중생 수기소락 생어천상
須彌山微塵數衆生으로 隨其所樂하야 生於天上하며

각령여수미산미진수중생 안주성문벽지불
各令如須彌山微塵數衆生으로 安住聲聞辟支佛

지 각령여수미산미진수중생 사선지식
地하며 各令如須彌山微塵數衆生으로 事善知識하야

구중복행
具衆福行하니라

생각 생각 속에서 낱낱 국토의 각각 수미산 미진수와 같은 중생들의 악도惡道에 떨어진 이로 하여금 그 고통에서 영원히 떠나게 하였으며, 각각 수미산 미진수와 같은 중생들의 삿된 정에 머문 이로 하여금 바른 정에 들어가게 하였으며, 각각 수미산 미진수와 같은 중생들로 하여금 그들이 즐기는 바를 따라서 천상에 태어나게 하였으며, 각각 수미산 미진수와 같은 중생들로 하여금 성문聲聞이나 벽지불辟支佛의 지위에 안주하게 하였으며, 각각 수미산 미진수와 같은 중생들로 하여금 선지식을 섬겨서 여러 가지 복행福行을 구족하게 하였습니다.

위에서 설한 보살들의 열 가지 법문을 듣고 수미산 미진수와 같은 중생들이 이익을 얻었다. 악도의 고통에서 벗어나게 하였으며, 삿된 정에 머문 이를 바른 정에 들어가게 하였으며, 천상에 나게 하였으며, 성문이나 벽지불의 지위에 머물게 하였으며, 선지식을 섬겨서 복행을 구족하게 하였다.

각령여수미산미진수중생　발어무상보리
各令如須彌山微塵數衆生으로 發於無上菩提

지심 각령여수미산미진수중생 취어보
之心하며 各令如須彌山微塵數衆生으로 趣於菩

살불퇴전지 각령여수미산미진수중생
薩不退轉地하며 各令如須彌山微塵數衆生으로

득정지안 견어여래소견일체제평등법
得淨智眼하야 見於如來所見一切諸平等法하며

각령여수미산미진수중생 안주제력제원해
各令如須彌山微塵數衆生으로 安住諸力諸願海

중 이무진지 이위방편 정제불국 각
中하야 以無盡智로 而爲方便하야 淨諸佛國하며 各

령여수미산미진수중생 개득안주비로자나
令如須彌山微塵數衆生으로 皆得安住毘盧遮那

광대원해 생여래가
廣大願海하야 生如來家케하니라

각각 수미산 미진수와 같은 중생들로 하여금 위없는 보리심을 내게 하였으며, 각각 수미산 미진수와 같은 중생들로 하여금 보살의 물러서지 않는 지위에 나아가게 하였으며, 각각 수미산 미진수와 같은 중생들로 하여금 청정한 지혜의 눈을 얻어서 여래가 보는 온갖 평등한 법을 보게 하였으며, 각각 수미산 미진수와 같은 중생들로 하여금 모든 힘과 모든 서원의 바다에 안주해서 끝없는 지혜로써 방편을 삼아 모든 부처님 국토를 청정하게 하였으며, 각각 수미산 미진수와 같은 중생들로 하여금 모두 비로자나 부처님의 광대한 서원의 바다에 안주하여 여래의 집에 태어나게 하였습니다.

끝으로 다섯 가지는 무상 보리심을 내게 하였으며, 불퇴전의 지위에 나아가게 하였으며, 청정한 지혜의 눈을 얻어 평등한 법을 보게 하였으며, 모든 힘과 모든 서원의 바다에 안주하게 하였으며, 끝내는 여래의 집에 태어나게 하였다.

9. 광명에서 게송을 설함

1) 장소를 밝히다

이시　제보살광명중　동시발성　설차송
爾時에 諸菩薩光明中에 同時發聲하야 說此頌

언
言하사대

그때에 모든 보살들의 광명 속에서 동시에 소리를 내어 이러한 게송을 설하였습니다.

제광명중출묘음　보변시방일체국
諸光明中出妙音하야　普徧十方一切國하사

연설불자제공덕　능입보리지묘도
演說佛子諸功德으로　能入菩提之妙道로다

모든 광명 속에서 미묘한 소리를 내어

시방의 온 국토에 널리 두루 하사
불자들의 모든 공덕을 연설하여
보리의 묘한 도道에 들게 하도다.

앞에서 보살들이 열 가지 법문을 나타내 보이고, 그 법문으로 중생들은 큰 이익을 얻었다. 그리고 다시 보살들에게서 광명이 빛나고 그 광명에서는 동시에 스스로 소리를 내어 게송을 설하는 모습을 보이고 있다. 먼저 그 게송은 어디에서 나오는가를 밝혔다. 보살의 광명에서 아름다운 소리를 내어 시방의 일체 국토에 두루 하였다. 다음으로 불자들의 공덕을 연설하여 보리도에 들어감을 노래하였다.

2) 체용자재體用自在

겁 해 수 행 무 염 권　　영 고 중 생 득 해 탈
劫海修行無厭倦하사　**令苦衆生得解脫**하사대

심 무 하 열 급 노 피　　불 자 선 입 사 방 편
心無下劣及勞疲하시니　**佛子善入斯方便**이로다

겁의 바다 수행함에 게으르지 않고
고통 받는 중생들을 해탈케 하되
마음은 하열下劣하거나 피로함이 없으시니
불자들이 이 방편에 잘 들어갔도다.

보살들에게서 광명이 빛나고 그 광명에서는 동시에 스스로 소리를 내어 게송을 설하는데 보살들은 과거의 오랜 수행으로 고통 받는 중생들을 해탈케 하였다는 내용과 중생 교화의 일이 아무리 오래고 힘들더라도 한 번도 피로해하지 않았다는 것이다. 보살 스스로에 대한 이야기다. 보살이 중생을 교화하는 일이 이와 같다.

진제겁해수방편　　무량무변무유여
盡諸劫海修方便을　**無量無邊無有餘**하사

일체법문무불입　　이항설피성적멸
一切法門無不入하사대　**而恒說彼性寂滅**이로다

모든 겁이 다하도록 닦은 방편으로
한량없고 끝도 없고 남음도 없이

온갖 법문에 다 들어가되

그 성품은 적멸寂滅함을 항상 설하도다.

불법의 가르침은 참으로 무량무변하다. 그래서 어떤 법문에도 들어가지 아니함이 없다. 그러나 법성은 본래로 적멸하기 때문에 적멸에서 출발하여 다시 적멸한 데로 돌아온다. 그래서 법문 또한 왕복이 다함이 없다.

삼 세 제 불 소 유 원 三世諸佛所有願을	일 체 수 치 실 령 진 一切修治悉令盡하고
즉 이 이 익 제 중 생 卽以利益諸衆生하사	이 위 자 행 청 정 업 而爲自行淸淨業일세

삼세제불三世諸佛이 세우신 서원을

일체를 다 닦아 남김이 없고

모든 중생을 다 이익하게 하사

스스로 청정한 업을 행하시었네.

불교의 최종 목표는 중생 제도에 있다. 견성을 하고 성불을 한다 하더라도 그것은 모두 중생을 교화하기 위한 준비 과정에 불과하다. 삼세제불이 다 그렇게 서원을 세우셨다. 그것은 곧 보살 자신의 청정한 업이다.

3) 앞에 나타남이 자재함

일 체 제 불 중 회 중
一切諸佛衆會中에

보 변 시 방 무 불 왕
普徧十方無不往하사대

개 이 심 심 지 혜 해
皆以甚深智慧海로

입 피 여 래 적 멸 법
入彼如來寂滅法이로다

일체 모든 부처님의 대중 회상에
시방에 두루두루 다 가시되
모두 심히 깊은 지혜의 바다로서
저 여래의 적멸법에 들어갔도다.

보살의 광명에서 나오는 소리다. 곧 보살의 삶을 드러낸 내용이다. 보살은 모든 부처님의 회상에 두루 다 다닌다. 깊고 깊은 지혜로 온갖 수행을 다 쌓아서 궁극에는 여래가 터득하신 적멸의 경지에 들어가는 것이다.

일 일 광 명 무 유 변　　실 입 난 사 제 국 토
一一光明無有邊하야　**悉入難思諸國土**하며
청 정 지 안 보 능 견　　시 제 보 살 소 행 경
淸淨智眼普能見하시니　**是諸菩薩所行境**이로다

낱낱 광명이 그지없어서
생각하기 어려운 모든 국토에 다 들어가며
청정한 지혜 눈이 널리 보시니
이것은 모든 보살이 행한 경계로다.

보살이 세상에 처하는 이유는 다름이 아니라 진리의 가르침과 광명의 가르침으로 불가사의한 모든 국토에 다 들어가서 중생을 교화하는 일이다. 이것이 보살이 행할 바의 경계다.

보 살 능 주 일 모 단　　변 동 시 방 제 국 토
菩薩能住一毛端하야　**徧動十方諸國土**하사대

불 영 중 생 유 포 상　　　시 기 청 정 방 편 지
不令衆生有怖想케하시니 是其清淨方便地로다

보살이 한 터럭 끝에 머물러서
시방의 모든 국토를 두루 진동하시되
중생에게는 두려운 생각이 나지 않게 하시니
이것이 그 청정한 방편의 경지로다.

보살은 그 처지와 상황이 아무리 열악하고 어려운 입장에 있다 하더라도 온 세상을 다 감동시킬 수 있어야 한다. 이것이 진정한 보살의 삶이다.

일 일 진 중 무 량 신　　　부 현 종 종 장 엄 찰
一一塵中無量身이여　復現種種莊嚴刹하사
일 념 몰 생 보 령 견　　　획 무 애 혜 장 엄 자
一念沒生普令見케하시니 獲無礙慧莊嚴者로다

낱낱 먼지 속의 한량없는 몸이여
가지가지 장엄한 세계에 다시 또 나타나네.
한 생각에 나고 죽음을 널리 보게 하시니

걸림 없는 지혜의 장엄을 얻은 이로다.

보통의 중생들은 인연을 따르고 업을 따라서 이 몸을 나타내지만, 보살은 방편과 원력으로 그 많은 몸을 그 많은 세계에 나타내어 죽음과 태어남을 보게 한다. 그것은 걸림 없는 지혜로 장엄한 능력이다.

삼 세 소 유 일 체 겁　　일 찰 나 중 실 능 현
三世所有一切劫을　　一刹那中悉能現하사
지 신 여 환 무 체 상　　증 명 법 성 무 애 자
知身如幻無體相하시니　　證明法性無礙者로다

삼세 일체 겁을
한 찰나에 다 나타내어
몸이 환영과 같아서 체상體相이 없는 줄 아시니
법의 성품이 걸림 없음을 증명한 이로다.

그야말로 법성게에서 말하는 "일념이라는 짧은 시간이 곧 한량없는 오랜 겁이며, 한량없는 오랜 겁이 곧 한순간이

다."라는 내용 그대로다.

4) 불자의 주처住處

보 현 승 행 개 능 입	일 체 중 생 실 락 견
普賢勝行皆能入이여	一切衆生悉樂見이라
불 자 능 주 차 법 문	제 광 명 중 대 음 후
佛子能住此法門일새	諸光明中大音吼로다

보현의 수승한 행이 다 들어감이여
모든 중생이 다 즐겨 봄이라
불자가 능히 이 법문에 머물새
모든 광명 가운데서 큰 소리 부르짖네.

불교의 궁극적 목표는 큰 자비심으로 세상을 구제하고 교화하는 일이다. 설사 생사를 초탈하고 견성성불을 하더라도 그것은 자비심으로 중생을 교화하기 위한 방편이다. 큰 자비심으로 중생을 교화하는 일을 보살행이라 하고, 다시 보현보살의 수승한 행으로 집약된다. 그래서 여기에서 보현보살의 수승한 행이 모든 중생의 삶 속에 일일이 다 들어 간다고 한 것이다. 화엄경이 마지막에 보현보살의 열 가지 행원으로 결론을 짓는 것도 바로 그와 같은 이유에서다.

10. 상서로 법을 표함

1) 광명을 놓아 법을 표함

이시 세존 욕령일체보살대중 득어여
爾時에 世尊이 欲令一切菩薩大衆으로 得於如

래무변경계신통력고 방미간광 차광 명
來無邊境界神通力故로 放眉間光하시니 此光이 名

일체보살지광명보조요시방장 기상 유여
一切菩薩智光明普照耀十方藏이라 其狀이 猶如

보색등운 변조시방일체불찰 기중국토
寶色燈雲하야 徧照十方一切佛刹하사 其中國土와

급이중생 실령현현
及以衆生을 悉令顯現하니라

그때 세존께서 모든 보살 대중들에게 여래의 그지없는 경계와 신통력을 얻게 하기 위하여 미간에서 광명을 놓았습니다. 그 광명의 이름은 일체보살지광명보조요시

방장一切菩薩智光明普照耀十方藏이었습니다. 그 모양은 마치 보배 빛나는 등불구름 같아서 시방의 모든 부처님 세계를 두루 비추며, 그 가운데의 국토와 중생들을 모두 나타나게 하였습니다.

세존께서 일체 보살 대중들에게 여래의 무변한 경계와 여래의 신통력을 얻게 하려고 광명을 놓았다. 광명이란 언제나 부처님의 깨달음의 지혜를 상징적으로 드러내는 것이다. 깨달음의 지혜는 깨달은 사람만이 아는 일이라 몽매한 중생들을 이해시키는 데는 광명이 가장 적절한 방편이다.

청량스님은 미간방광에 대해서 이렇게 설명하였다. "미간에서 광명을 놓은 것은 두 가지의 치우친 견해를 떠난 것을 의미한다. 즉 법체에 대해서는 유와 무의 이변二邊을 계교하지 않는다. 이치에 대해서는 항상하다거나 무상함이라는 제법의 치우친 모습에 집착하지 않는다. 수행에 대해서는 고와 낙의 두 가지 치우친 것을 익히지 않는다. 도에 대해서는 사도와 정도의 두 가지 치우친 것에 머물지 않는다. 사람에 대해서는 원인과 결과의 두 가지 치우친 것에 집착하지 않는다. 교리에 대해서는 세간과 출세간의 두 가지 치우친 것을 설하지 않는다. 진리에 대해서는 진제와 속제의 두 가지 치우친 것을 보지 않는다. 교화에 대해서는 방편과 실법이라는 두 가지 치우친 것에 한정하지 않는다. 그러므로 대중들을 위해서 미간의 광명을 놓은 것이다."[4]

부처님의 형상을 보면 미간에는 반드시 백호가 있다. 그리고 그 백호에서는 언제나 광명을 놓는 것으로 알고 있다. 그것은 위에서 청량스님이 설명한 것과 같이 불교의 가르침이란 언제나 중도적 관점에서 설법하고 있음을 상징한다.

우보진동제세계망 일일진중 현무수불
又普震動諸世界網하야 **一一塵中**에 **現無數佛**

수제중생 성욕부동 보우삼세일체제불
하사 **隨諸衆生**의 **性欲不同**하야 **普雨三世一切諸佛**

---

4) 光體者：眉間：表離二邊故. 於體不計有無二邊. 於義不著常無常等諸法相邊. 於行不習苦樂二邊. 於道不住邪正二邊. 於人不執因果二邊. 於教不說世出世二邊. 於諦不見真俗二邊. 於化不定權實二邊. 是故為衆放眉間光.

묘 법 륜 운　　현 시 여 래 바 라 밀 해
妙法輪雲하사 **顯示如來波羅蜜海**하시며

또 모든 세계그물을 널리 진동하여 낱낱 먼지 속에서 수없는 부처님을 나타내어 모든 중생들의 근성과 욕망이 같지 아니함을 따라서 삼세 일체 모든 부처님의 미묘한 법륜구름을 널리 쏟아서 여래의 바라밀바다를 나타내 보였습니다.

부처님께서 놓은 미간의 광명이 세계를 진동하고 낱낱 먼지 속에서 나타난 부처님은 중생들의 각기 다른 근성과 욕망을 따라서 모든 부처님의 법을 설한다. 그 내용은 여래가 닦은 온갖 바라밀이다. 광명이란 언제나 깨달음의 지혜광명이다. 눈을 뜨고 보면 모든 시방세계가 부처님이 놓는 미간의 광명이며, 그 광명으로 세계를 진동하는 일이다. 무수한 중생들의 근기에 알맞은 법을 연설함이다. 미간이라는 중도적 안목에서 보면 지금 여기서 이대로가 완전무결한 화장장엄세계의 삶이라는 뜻이다.

우 우 무 량 제 출 리 운 영 제 중 생 영 도 생
又雨無量諸出離雲하사 令諸衆生으로 永度生

사 부 우 제 불 대 원 지 운 현 시 시 방 제 세
死케하시며 復雨諸佛大願之雲하사 顯示十方諸世

계 중 보 현 보 살 도 량 중 회 작 시 사 이 우 요 어
界中普賢菩薩道場衆會하고 作是事已에 右遶於

불 종 족 하 입
佛하야 從足下入하시니라

또 한량없는 모든 벗어 버리고 떠나는 구름을 쏟아서 모든 중생들에게 영원히 생사를 떠나게 하였습니다. 다시 또 모든 부처님의 큰 서원구름을 쏟아서 시방 모든 세계 가운데의 보현보살 도량에 모인 대중들을 나타내 보였습니다. 이러한 일을 짓고 나서 부처님을 오른쪽으로 돌고 발밑으로 들어갔습니다.

미간에서 놓은 광명은 다시 또 중생들을 영원히 생사에서 벗어나게 하고, 위와 같은 불사는 모두가 보현보살의 행원이라는 사실을 모든 대중들에게 깨닫게 하였다. 깨달음의 지혜광명인 미간광명이 세계와 중생들에게 어떠한 불사를

짓는가를 간단히 설명하고 나서 끝으로 부처님을 오른쪽으로 돌고 부처님의 발밑으로 들어갔다.

광명이 부처님을 오른쪽으로 돈다는 것은 부처님을 향하여 시곗바늘 방향과 같이 도는 것인데 인도의 예법이다. 고대 인도에서는 귀인에게 존경의 뜻을 나타낼 때 오른쪽 어깨를 귀인으로 향하여 그 주위를 세 번 돌았다. 또 군대가 개선하여 돌아올 때는 성벽 둘레를 오른쪽으로 세 번 돌아 성 안으로 들어갔다. 이러한 습속이 불교에 들어왔던 것이다. 그래서 경전마다 우요삼잡右繞三帀이 있게 되었다.

또 광명이 미간에서 발밑으로 들어간 것은 미간은 높은 경지인 불과佛果를 상징한 것이고, 발밑은 불과의 기초가 되는 믿음을 상징한 것이다. 그러나 불과는 곧 그 원인이 되는 믿음과 둘이 아니고 원인인 믿음은 곧 결과인 불과와 둘이 아니다.

2) 연꽃으로 법을 표함

이시불전 유대연화 홀연출현 기화
爾時佛前에 有大蓮華가 忽然出現하니 其華가

구유십종장엄 일체연화 소불능급 소위
具有十種莊嚴하야 一切蓮華의 所不能及이니 所謂

중보간착 이위기경 마니보왕 이위기
衆寶間錯으로 以爲其莖하며 摩尼寶王으로 以爲其

장 법계중보 보작기엽 제향마니 이작
藏하며 法界衆寶로 普作其葉하며 諸香摩尼로 而作

기수 염부단금 장엄기대 묘망부상
其鬚하며 閻浮檀金으로 莊嚴其臺하며 妙網覆上하야

광색청정 어일념중 시현무변제불신변
光色淸淨하며 於一念中에 示現無邊諸佛神變하며

보능발기일체음성 마니보왕 영현불신
普能發起一切音聲하며 摩尼寶王이 影現佛身하며

어음성중 보능연설일체보살 소수행원
於音聲中에 普能演說一切菩薩의 所修行願하시니라

그때에 부처님 앞에 큰 연꽃이 홀연히 출현하였습니다. 그 꽃은 열 가지 장엄을 갖추고 있어서 온갖 다른 연꽃으로는 미칠 수 없었습니다. 이른바 여러 가지 보석이 사이사이에 섞인 것으로 그 줄기가 되고, 마니보석왕으로 그 연밥이 되고, 법계의 온갖 보배로 널리 그 잎이 되고, 여러 가지 향기 나는 마니보석으로 꽃술이 되고, 염부단금閻浮檀金으로 그 연대蓮臺를 장엄하고, 미묘한 그물을 그 위에 덮어서 빛깔이 청정하며, 한 생각 가운데서 끝없는 모든 부처님의 신통변화를 나타내 보이며, 온갖 음성을 널리 일으키며, 마니보석왕이 부처님의 몸을 영상으로 나타내며, 음성 가운데서는 모든 보살이 수행하신 서원誓願을 널리 연설하였습니다.

만약 불법을 꽃으로 나타낸다면 그것은 연꽃으로 표현하는 것이 제일이다. 그래서 연꽃을 불교의 꽃이라 하고 여기에서도 연꽃으로 법을 표현하였다. 부처님 앞에 홀연히 연꽃이 출현하였으며 그 꽃은 줄기며 잎이며 꽃술 등 열 가지 장엄을 갖추었다. 굳이 열 가지라고 한 것도 화엄의 이치인 일체 존재의 원만무결함을 나타낸 것이다. 또 연꽃이 곧 불법임을 나타낸 것은 오염된 세상이 청정한 불국토와 둘이 아니라는 것을 표현한 것이다. 그러므로 이 사바세계를 곧 완전한 정토라는 절대 긍정의 안목으로 보아야 한다는 뜻을 담고 있다.

3) 대중을 나타내어 가르침을 표함

차화생이 일념지간 어여래백호상중 유
此華生已에 一念之間에 於如來白毫相中에 有

보살마하살 명일체법승음 여세계해미
菩薩摩訶薩하니 名一切法勝音이라 與世界海微

진수제보살중 구시이출 우요여래 경
塵數諸菩薩衆으로 俱時而出하사 右遶如來하야 經

무량잡 예불족이 시승음보살 좌연화대
無量帀하고 禮佛足已에 時勝音菩薩은 坐蓮華臺

제보살중 좌연화수 각어기상 차제
하시며 諸菩薩衆은 坐蓮華鬚하야 各於其上에 次第

이좌
而坐하시니라

이 연꽃이 출현하고 나서 한순간에 여래의 백호상白毫相 가운데 보살마하살이 있었으니 이름이 일체법승음一切法

勝音이었습니다. 세계바다 미진수의 모든 보살 대중들과 한꺼번에 출현하여 여래를 오른쪽으로 한량없이 돌고는 부처님의 발에 예배하였습니다. 그때에 승음보살은 연화대에 앉으시고 다른 모든 보살 대중들은 연꽃 꽃술 위에 각각 차례대로 앉았습니다.

부처님의 미간 백호상은 흔히 광명을 놓아 여래가 설하는 진리는 곧 중도임을 상징하였는데 여기에서는 백호상에서 승음이라는 보살과 세계바다 미진수 보살이 한꺼번에 출현하는 광경을 보였다. 승음보살은 연화대에 앉고 다른 보살들은 꽃술에 앉았다. 먼지 하나 속에 시방세계가 있다는 설명을 넘어 부처님의 백호상에서 무수한 보살들이 출현하고 다시 그 보살들이 부처님을 찬탄하는 법을 설하는 광경을 그렸다. 실로 감탄을 금할 길 없다. 이와 같은 모습을 만약 영화로 만들거나 그래픽으로 연출한다면 참으로 기상천외하며 신기하기 이를 데 없을 것이다.

또 부처님의 백호상에는 부처님의 오랜 보살 수행 과정이 다 들어 있다. 보살로 수행하면서 낱낱 중생들을 부처님으로 받들어 섬기고 공양한 일들이 다 들어 있다. 백호상뿐만 아니라 부처님 이마의 주름살 하나에도, 머리카락 하나에도 무수한 세월이 다 스며 있으며, 영광도 오욕도 다 들어 있다.

기일체법승음보살 요심법계 생대환희
其一切法勝音菩薩이 了深法界하야 生大歡喜

입불소행 지무의체 입불가측불법신
하며 入佛所行하야 智無疑滯하며 入不可測佛法身

해 왕일체찰제여래소 신제모공 실현신
海하며 往一切刹諸如來所하며 身諸毛孔에 悉現神

통 염념보관일체법계 시방제불 공여기
通하며 念念普觀一切法界하며 十方諸佛이 共與其

력 영보안주일체삼매 진미래겁 상견
力하사 令普安住一切三昧하며 盡未來劫토록 常見

제불무변법계공덕해신 내지일체삼매해탈
諸佛無邊法界功德海身과 乃至一切三昧解脫

신통변화
神通變化하시니라

그 일체법승음보살이 깊은 법계를 깨달아 큰 기쁨을

내었으며, 부처님이 행하신 바에 들어가서 지혜가 막힘이 없으며, 헤아릴 수 없는 부처님의 법신 바다에 들어가며, 온갖 세계 모든 여래의 처소에 나아가며, 몸의 모든 모공毛孔에서 다 신통을 나타내며, 생각 생각에 일체 법계를 널리 관찰하며, 시방 모든 부처님이 다 함께 그 힘을 주어 일체 삼매에 널리 안주하게 하며, 미래의 겁이 다하도록 모든 부처님의 끝없는 법계와 공덕바다 몸과 내지 온갖 삼매와 해탈과 신통변화를 항상 보았습니다.

일체법승음보살의 덕을 드러내었다. 모두 열 구절인데 보살의 십지와 연관해서 간략히 설한 것이다. 보살의 십지十地란 보살이 수행하는 과정에서 거치는 52위 가운데 제41위부터 제50위까지의 계위階位다. 부처님의 지혜를 만들어 내고 온갖 중생을 짊어지고 가르치고 이끌어서 이롭게 하는 지위에 이르는 것으로, ① 환희지歡喜地 ② 이구지離垢地 ③ 발광지發光地 ④ 염혜지焰慧地 ⑤ 난승지難勝地 ⑥ 현전지現前地 ⑦ 원행지遠行地 ⑧ 부동지不動地 ⑨ 선혜지善慧地 ⑩ 법운지法雲地이다.

11. 게송으로 부처님의 덕을 찬탄함

1) 승음勝音보살의 찬탄

즉어중중　승불위신　관찰시방　이설
卽於衆中에 承佛威神하사 觀察十方하고 而說

송왈
頌曰

곧 대중 가운데서 부처님의 위신력을 받들어 시방을 관찰하고 게송으로 말하였습니다.

불신충만어법계　보현일체중생전
佛身充滿於法界하사　普現一切衆生前하시니

수연부감미부주　이항처차보리좌
隨緣赴感靡不周하사대　而恒處此菩提座로다

부처님의 몸 법계에 충만하사

일체 중생 앞에 널리 나타나시니
인연을 따라 감응함이 두루 하지만
이 보리좌菩提座에 항상 계시네.

부처님의 몸을 표현하는 글 중 으뜸가는 게송이다. 그래서 사찰 대웅전의 주련으로 많이 사용한다. 부처님이 항상 계신다는 보리좌菩提座란 부다가야의 보리수나무 밑 금강보좌를 말한다. 부처님의 몸이나 그 외 불교의 모든 것은 부처님이 보리수나무 밑에서 깨달음을 성취함으로부터 시작된다. 그러므로 불교 일체와 부처님의 몸 또한 그 보리좌를 떠나서 이야기할 수 없다. 여래현상품 서두에 있었던 40가지 질문 중 부처님 바다[佛海]에 대해 물었는데 그 질문과도 연관이 있는 내용이다.

여래일일모공중　　일일찰진제불좌
如來一一毛孔中에　　**一一刹塵諸佛坐**하사
보살중회공위요　　연설보현지승행
菩薩衆會共圍遶어든　　**演說普賢之勝行**이로다

여래의 낱낱 모공毛孔 가운데에
낱낱 세계 티끌 수의 부처님이 앉으시고
보살 대중들이 또 다 같이 에워싸는데
보현보살의 수승한 행을 연설하시네.

역시 40가지 질문 중 연설해演說海에 대해 물었는데 그 질문과 연관되는 내용이다. 부처님의 연설, 즉 모든 법문의 내용 가운데 보현보살의 수승한 행원이 으뜸이다. 여래의 낱낱 모공마다 무수한 부처님이 계시고 또 무수한 보살들이 에워싸고 있고 그 모든 회상마다 설법을 하고 있다는 것은 시간과 공간을 초월하여 불법이 오늘날과 같이 넓게 퍼져서 전 세계가 다 같이 불교를 믿고 불교를 공부하는 현상을 말한다. 온 우주는 그대로가 부처님의 몸이고 두두물물은 그대로가 부처님의 모공이다. 삼라만상 천지만물은 그대로가 부처님의 설법이다.

여래안처보리좌
如來安處菩提座하사
일모시현다찰해
一毛示現多刹海하시며

일 일 모 현 실 역 연　　　여 시 보 주 어 법 계
一一毛現悉亦然하사　　如是普周於法界로다

여래가 보리좌에 안주하사
한 터럭에 많은 세계바다를 나타내 보이시듯
낱낱 터럭마다 다 그렇게 나타내 보이시니
이와 같이 법계에 널리 두루 하였네.

40가지 질문 중 변화해變化海에 대해 물었는데 그 질문과 연관되는 내용이다. 한 터럭에 많은 세계바다를 나타내 보이고 낱낱 터럭마다 다 그렇게 나타내 보이는 것은 곧 부처님의 변화의 능력을 뜻한다.

일 일 찰 중 실 안 좌　　　일 체 찰 토 개 주 변
一一刹中悉安坐하사　　一切刹土皆周徧하시니
시 방 보 살 여 운 집　　　막 불 함 래 예 도 량
十方菩薩如雲集하야　　莫不咸來詣道場이로다

낱낱 세계 가운데 다 편히 앉아 계시듯
일체 세계에도 다 두루 하시니

시방에서 보살들이 구름처럼 모여 와서
모두 다 도량으로 나아가시네.

이 게송대로라면 일체 세계가 온통 부처님이며 일체 국토가 모두 불보살들이다. 삼라만상 일체가 불보살이요, 산천초목이 모두 불보살이요, 산하대지가 모두 불보살이다.

일체찰토미진수　　　공덕광명보살해
一切刹土微塵數의　　功德光明菩薩海가
보재여래중회중　　　내지법계함충변
普在如來衆會中하며　乃至法界咸充徧이로다

일체 세계의 미진수같이 많은
공덕으로 빛나는 보살바다가
여래의 대중 중에 두루 있으며
법계에도 모두 다 충만하도다.

일체 세계 미진수같이 많고 많은 보살들, 그 보살들은 공덕으로 밝게 빛나고 있는데 여래를 둘러싸고 법계에 충만하다. 그 그림이 선연히 그려진다. 두두물물이 실은 그렇게 존재한다.

법계미진제찰토	일체중중개출현
法界微塵諸刹土의	一切衆中皆出現하시니
여시분신지경계	보현행중능건립
如是分身智境界를	普賢行中能建立이로다

법계의 티끌 같은 모든 세계의
온갖 대중 가운데 다 출현하시니
이와 같이 분신하는 지혜 경계를
보현행 가운데서 능히 건립하도다.

화엄경의 중심이 되는 뜻은 보현행이다. 보현보살의 마음과 보현보살의 행으로 세상을 보면 모든 법계에는 부처님이 계시고, 그 부처님 앞에 출현한 일체 대중들 역시 부처님의 분신들이다. 이와 같은 화엄의 안목으로 모든 사람들이 보현보살이 되기를 기다린다.

일 체 제 불 중 회 중　　　승 지 보 살 첨 연 좌
一切諸佛衆會中에　　　勝智菩薩僉然坐하사

각 각 청 법 생 환 희　　　처 처 수 행 무 량 겁
各各聽法生歡喜하야　　處處修行無量劫이로다

모든 부처님의 회중會衆 가운데
지혜 높은 보살들이 엄연히[僉然] 앉으사
제각기 법을 듣고 기뻐하면서
곳곳에서 한량없는 겁 동안 수행하도다.

지혜가 있는 수행자라면 부처님이 설하신 최상승의 경전을 어디서나 항상 가까이 하면서 법희선열로 평생의 삶을 산다. 이것이 가장 행복하고 현명한 삶이리라. 그것은 곧 부처님의 회상에서 항상 함께하는 일이다. 비록 말세라 하더라도 이와 같이 살 수 있으니 얼마나 다행인가.

이 입 보 현 광 대 원　　　각 각 출 생 중 불 법
已入普賢廣大願하야　　各各出生衆佛法하사

비 로 자 나 법 해 중　　　수 행 극 증 여 래 지
毘盧遮那法海中에　　　修行克證如來地로다

이미 보현보살의 광대한 서원에 들어가서
제각기 온갖 불법을 출생시키며
비로자나 부처님의 법의 바다에서
수행하여 여래의 지위를 증득하도다.

보현보살의 광대한 서원이란 보현행원품에서 열거하고 있는 열 가지 행원이다. "그 열 가지 행원이란 모든 부처님께 예배하고 공경함이 그 하나요, 부처님을 우러러 찬탄함이 그 둘이며, 널리 공양함이 그 셋이요, 스스로의 업장을 참회함이 그 넷이며, 남의 공덕을 따라 기뻐함이 그 다섯이요, 설법하여 주기를 청함이 그 여섯이며, 부처님이 세상에 오래 머무르시기를 청함이 그 일곱이며, 항상 부처님을 따라 배움이 그 여덟이며, 항상 중생을 따름이 그 아홉이요, 모두 다 회향함이 그 열이니라."[5] 라고 하였다. 이것이 불교의 결론이며 화엄경의 결론이다. 다만 부처님이라는 말을 모든 사람

5) 一者는 禮敬諸佛이요 二者는 稱讚如來요 三者는 廣修供養이요 四者는 懺除業障이요 五者는 隨喜功德이요 六者는 請轉法輪이요 七者는 請佛住世요 八者는 常隨佛學이요 九者는 恒順衆生이요 十者는 普皆廻向이니라.

과 모든 생명으로 아울러 해석하면 된다.

보현보살소개각　　　일체여래동찬희
普賢菩薩所開覺을　　一切如來同讚喜하시니
이획제불대신통　　　법계주류무불변
已獲諸佛大神通하사　法界周流無不徧이로다

보현보살이 깨달은 바를
일체 여래가 다 같이 찬탄하고 기뻐하시니
모든 부처님의 큰 신통을 이미 얻으사
법계에 두루 펴서 가득하였네.

보현보살이 깨달은 바를 일체 여래가 다 같이 찬탄하고 기뻐한다는 것은 보현보살의 행원行願이 불법의 궁극이며 일체 여래의 뜻이기 때문이다. 불법의 궁극은 견성도 아니고 성불도 아니다. 오직 보현보살과 같은 행원을 몸소 실천하는 일이다.

일 체 찰 토 미 진 수　　　상 현 신 운 실 충 만
一切刹土微塵數에　　　常現身雲悉充滿하사

보 위 중 생 방 대 광　　　각 우 법 우 칭 기 심
普爲衆生放大光하야　　各雨法雨稱其心이로다

일체 세계의 미진수 같은

몸 구름을 항상 나타내어 다 충만하사

널리 중생 위해 큰 광명을 놓아서

법의 비를 각각 내려 그 마음에 맞추도다.

여래의 백호상에서 무수한 보살들이 출현하여 그 상수가 되는 일체법승음보살이 게송을 설하였다. 일체 세계가 모두 보살들이다. 마치 구름처럼 그 몸을 나타내어 법계에 충만하였다. 낱낱이 진리의 가르침으로 광명을 놓아 중생을 깨우치며, 법의 비를 내려서 중생들의 마음을 흡족하게 하였다. 이것이 불법이며 이와 같은 이치에 눈을 뜨게 하고자 하는 것이 곧 불교가 하는 일이다.

2) 동방의 관찰일체觀察一切보살의 찬탄

이시중중 부유보살마하살 명관찰일체
爾時衆中에 復有菩薩摩訶薩하니 名觀察一切

승법연화광혜왕 승불위신 관찰시방
勝法蓮華光慧王이라 承佛威神하사 觀察十方하고

이설송왈
而說頌曰하니라

그때에 대중 가운데 다시 또 보살마하살이 있으니 이름이 관찰일체승법연화광혜왕觀察一切勝法蓮華光慧王이었습니다. 부처님의 위신력을 받들어 시방을 관찰하고 게송으로 말하였습니다.

다음은 시방의 보살들이 각각 열 개의 게송을 설하여 부처님의 가없는 덕을 찬탄하였다. 여기에 등장하는 시방의 보살들은 새로운 대중들의 모임이다. 청량스님은 여래의 백호상에서 출현한 보살들과는 같은 권속이 아니라고 하였다. 새로운 보살들이 다시 또 이와 같이 중중 중중 중중하고 무진 무진 무진하다.

여 래 심 심 지　　　　　보 입 어 법 계
如來甚深智로　　　　　普入於法界하사

능 수 삼 세 전　　　　　여 세 위 명 도
能隨三世轉하야　　　　與世爲明導로다

여래의 매우 깊은 지혜로

법계에 널리 들어가사

능히 삼세를 따라 굴리시며

세간의 밝은 인도자가 되었네.

청량스님은 먼저 세 게송은 진신眞身을 찬탄하고 뒤의 일곱 게송은 응신應身을 찬탄하였다고 하였다. 이 한 게송은 지혜의 몸을 찬탄하였다고 하면서 매 구절마다 순서대로 사지四智에 배속하였다. 첫 구절은 대원경지大圓鏡智의 뜻이요, 다음은 평등성지平等性智의 뜻이요, 다음은 묘관찰지妙觀察智의 뜻이요, 다음은 성소작지成所作智의 뜻이라고 하였다.

제 불 동 법 신　　　　　무 의 무 차 별
諸佛同法身하사　　　　無依無差別하사대

수제중생의　　　　　영견불색형
隨諸衆生意하야　　　令見佛色形이로다

모든 부처님은 법신이 같으사
의지依支도 없고 차별도 없으되
여러 중생들의 뜻을 따라서
부처님의 모습을 보게 하시네.

법신을 찬탄한 내용이다. 모든 부처님은 법신이 동일하다. 법신은 어디에 의지함이 없으며 또한 차별도 없다. 그러면서 모든 중생들의 뜻을 따라서 부처님의 모습을 보게 한다.

구족일체지　　　　　변지일체법
具足一切智하사　　　徧知一切法하시며
일체국토중　　　　　일체무불현
一切國土中에　　　　一切無不現이로다

일체 지혜를 다 구족하사
일체의 법을 두루 다 아시며

일체 국토 가운데에

일체가 다 나타나시네.

지혜의 몸과 법신을 함께 찬탄하였다. 부처님은 곧 지혜며 법이며 진리 그 자체다. 그러므로 삼라만상 그대로가 부처님의 몸이다. 어떤 특정한 모양이나 모습일 수는 없다.

불 신 급 광 명 **佛身及光明**과	색 상 부 사 의 **色相不思議**시니
중 생 신 락 자 **衆生信樂者**는	수 응 실 령 견 **隨應悉令見**이로다

부처님의 몸과 그 광명과

빛깔과 형상이 불가사의하시니

중생이 믿고 즐거워하는 이에게

따르며 맞추어서 다 보게 하도다.

이하의 일곱 게송은 응신을 찬탄한 내용이다. 응신은 화신 또는 응화신應化身이라고도 한다. 그러나 엄밀한 의미에서는 응신과 화신이 구별된다. 화신은 상호를 구비하지 않고 일정한 형식을 떠난 여러 가지 다양한 모습을 취하여 중생을 구제하는 불신인 데 비하여, 응신은 특정한 시대와 특정한 지역에서 특정한 중생을 구제하기 위하여 출현하는 부처님이다. 인도에서 출현한 석가모니불은 응신이며, 과거의 7불을 비롯한 많은 부처님과 미래의 미륵불도 모두 응신에 속한다. 이 응신들은 상대방에 따라 그를 화도化導하기에 편리한 모습으로 나타나 설법하는 부처님으로, 32상相과 80종호種好라는 특별한 모습을 갖추고 있다. 그래서 색상이 불가사의하다고 하였다.

어일불신상	화위무량불
於一佛身上에	**化爲無量佛**하사
뇌음변중찰	연법심여해
雷音徧衆刹하야	**演法深如海**로다

한 부처님의 몸 위에
한량없는 부처님을 변화하여 나타내고
우레 소리 온 세계에 두루 하여

법을 연설하심이 바다같이 깊도다.

역시 응화신의 작용을 나타내는 내용이다. 예불문에 "천백억 화신 석가모니불"이라는 말이 있다. 본래의 한 몸에서 천백억 화신을 나타내어 천백억의 중생을 교화하기 때문이다. 중생을 교화함에는 설법으로 깊고 깊은 법을 연설한다. 그러나 실은 모든 사람들이 천백억 화신의 성질을 다 가지고 있어서 매일매일 천변만화할 수 있다.

일 일 모 공 중 一一毛孔中에	광 망 변 시 방 光網偏十方하사
연 불 묘 음 성 演佛妙音聲하야	조 피 난 조 자 調彼難調者로다

낱낱 모공毛孔 가운데서

광명 그물이 시방에 가득하사

부처님의 미묘한 음성을 내어

저 조복하기 어려운 이를 조복하도다.

무엇이 부처님의 낱낱 모공에서 나오는 광명이 시방에 두루 한 것인가? 불교의 팔만사천 법문과, 이와 같이 방대한 화엄경의 낱낱 글자이다. 이 모든 가르침의 광명으로 조복하기 어려운 어리석은 중생을 조복하는 것이다.

여래광명중	상출심묘음
如來光明中에	**常出深妙音**하사
찬불공덕해	급보살소행
讚佛功德海와	**及菩薩所行**이로다

여래의 광명 가운데서
항상 깊고 미묘한 소리를 내어
부처님의 공덕바다와
보살들의 행한 바를 찬탄하도다.

여래의 광명이란 진리의 가르침이다. 진리의 가르침은 여래의 설법이다. 여래의 설법이란 언제나 부처님의 공덕바다를 찬탄하고 보살들의 보살행을 찬탄한다. 즉 사람들의 훌륭하고 뛰어난 점을 드러내어 찬탄하고 그 훌륭한 점을 몸

소 실천에 옮기는 보살행을 권장한다. 사람의 진여자성 속에 만행만덕이 본래로 갖춰져 있다는 사실을 드날리는 것이 여래의 광명이다.

불전정법륜 무량무유변
佛轉正法輪이 **無量無有邊**이라
소설법무등 천지불능측
所說法無等하야 **淺智不能測**이로다

부처님이 굴리시는 정법正法의 바퀴는
한량없고 끝도 없음이라.
설하시는 법마다 같지 않아서
얕은 지혜로는 헤아릴 수 없도다.

천백억 화신이 설하시는 정법의 바퀴는 한량도 없고 끝도 없다. 그 한량없는 설법은 중생의 근기와 수준을 따라 설하므로 각각 다르다. 중생들의 얕은 지혜로는 측량할 길이 없다.

일 체 세 계 중　　　　현 신 성 정 각
一切世界中에　　　　現身成正覺하시고

각 각 기 신 변　　　　법 계 실 충 만
各各起神變하사　　　　法界悉充滿이로다

모든 세계 가운데

몸을 나타내어 정각正覺을 이루시고

각각 신통변화를 일으켜서

법계에 다 충만하도다.

천백억 화신은 어느 한 세계에만 출현하거나 정각을 이루는 것이 아니다. 시방 일체 세계에서 동시에 출현하고 동시에 정각을 이루어 온 법계에 충만하다.

여 래 일 일 신　　　　현 불 등 중 생
如來一一身에　　　　現佛等衆生하사

일 체 미 진 찰　　　　보 현 신 통 력
一切微塵刹에　　　　普現神通力이로다

여래의 낱낱 몸에

부처님을 나타내되 중생과 같이하사
일체 미진세계에
신통력을 널리 나타내도다.

여래의 응화신은 천백억이다. 그와 같이 많은 숫자는 중생의 수와 같다. 달라이 라마스님은 "이 세상에는 종교가 대단히 많지만 지구상의 사람 숫자와 같이 많아도 좋다."라고 하였다. 사람들의 근기와 수준과 욕망과 성품이 다 각각 다르기 때문에 그들을 다 교화하려면 종교는 더 많아도 좋다는 뜻이다. 중생들을 교화하기 위한 응화신은 이와 같은 역할을 한다.

3) 남방의 법희혜法喜慧보살의 찬탄

이시중중　부유보살마하살　명법희혜광
爾時衆中에 **復有菩薩摩訶薩**하니 **名法喜慧光**

명　승불위신　관찰시방　이설송왈
明이라 **承佛威神**하사 **觀察十方**하고 **而說頌曰**

그때에 대중 가운데 또 보살마하살이 있었습니다. 그의 이름은 법희혜광명法喜慧光明이었습니다. 부처님의 위신력을 받들어 시방을 관찰하고 게송으로 말하였습니다.

불 신 상 현 현	법 계 실 충 만
佛身常顯現하사	**法界悉充滿**하시며
항 연 광 대 음	보 진 시 방 국
恒演廣大音하사	**普震十方國**이로다

부처님의 몸 항상 나타내사
법계에 다 충만하시며
광대한 음성으로 늘 연설하사
시방국토에 널리 떨치시네.

남방의 법희혜보살의 열 게송은 부처님의 적적한 작용이 중생들의 기틀에 부응하는 것을 찬탄하였다. 산하대지와 산천초목이 낱낱이 부처님의 몸이다. 형상이 있음도 부처님의 몸이요, 형상이 없음도 부처님의 몸이다. 바람 소리 물소리가 모두 부처님의 설법이요, 자동차 소리 사람 소리도 부처님의 설법이다. 소리 있음도 부처님의 설법이요, 소리 없음도 부처님의 설법이다.

여래보현신	변입어세간
如來普現身하사	**徧入於世間**이라
수중생락욕	현시신통력
隨衆生樂欲하사	**顯示神通力**이로다

여래가 널리 몸을 나타내사
세간에 두루 들어감이라.
중생들의 욕락欲樂을 따르사
신통력을 나타내 보이시네.

여래가 널리 몸을 나타내어 세간에 두루 들어갔다면 이 세간이 그대로 여래의 몸이다. 그리고 세간은 모두 중생들이 하고자 하는 것과 즐기는 바의 대상들이다. 그렇게 여래는 신통을 나타내 보인 것이다.

불 수 중 생 심　　　　보 현 어 기 전
佛隨衆生心하사　　**普現於其前**하시니

중 생 소 견 자　　　　개 시 불 신 력
衆生所見者가　　　**皆是佛神力**이로다

부처님이 중생들의 마음을 따르사
그들 앞에 널리 나타나시니
중생들이 보는 것은
다 부처님의 신통한 힘이로다.

"중생들이 보는 것은 모두가 다 부처님의 신통한 힘이로다."라고 하였다. 눈과 귀와 코와 혀 등으로 보고 듣고 냄새 맡고 하는 등의 작용은 모두가 여래의 신통변화다. 임제스님은 이렇게 말씀하였다. "도를 배우는 여러 벗들이여! 산승의 견해에 의지한다면 그대들도 석가와 더불어 다름이 없다. 오늘 여러 가지로 작용하는 곳에 모자라는 것이 무엇인가? 여섯 갈래[眼·耳·鼻·舌·身·意]의 신령스러운 빛이 잠시도 쉰 적이 없다. 만약 이와 같이 이해한다면 다만 한평생 일 없는 사람일 뿐이다[一生無事人]."[6] 부처님의 신통인들 어디 이와 다른 것이겠는가.

광 명 무 유 변 설 법 역 무 량
光明無有邊이요 **說法亦無量**이라

불 자 수 기 지 능 입 능 관 찰
佛子隨其智 **能入能觀察**이로다

광명이 끝이 없고

설법 또한 한량없으니

불자들이 그 지혜를 따라서

능히 들어가고 능히 관찰하도다.

부처님의 광명과 설법은 가없고 한량없는데 불자들은 그들의 지혜를 따라서 광명과 설법에 들어가고 관찰한다. 법성게에 "허공이 가득하게 보배를 비처럼 내려서 중생들을 이익하게 하건만 중생들은 그들의 그릇을 따라서 이익을 얻도다."[7]라고 하였다. 실로 지금 여기에서 그대로 허공 가득히 보물을 내려부어 우리들을 이익하게 하건만 중생들은 각자 그릇의 크기에 따라서 이익을 얻는다. 예컨대 아무리 비가

---

6) 道流야 約山僧見處인댄 與釋迦不別이라. 今日多般用處가 欠少什麽오. 六道神光이 未曾間歇이니 若能如是見得하면 祇是一生無事人이니라.

7) 雨寶益生滿虛空 衆生隨器得利益.

많이 내려도 그릇이 엎어져 있으면 비는 한 방울도 고이지 않지만 설사 가랑비라 하더라도 그릇이 반듯이 놓여 있으면 빗물이 고이는 것과 같다.

불신무유생 **佛身無有生**호대	이능시출생 **而能示出生**하시며
법성여허공 **法性如虛空**하니	제불어중주 **諸佛於中住**로다

부처님의 몸은 태어남이 없건만
태어남을 능히 보이시며
법성法性은 허공과 같아서
모든 부처님이 그 가운데 머무시네.

부처님의 몸은 불생불멸이며 한편 능생능멸能生能滅이다. 그리고 부처님의 몸은 곧 법성法性이다. 법성은 허공과 같으며 원융하여 두 가지 모양이 아니다. 통일된 하나다.

무주역무거　　　　처처개견불
無住亦無去로대　　處處皆見佛하니
광명미부주　　　　명칭실원문
光明靡不周하야　　名稱悉遠聞이로다

머무름도 없고 감도 없으나
곳곳에서 다 부처님을 보니
광명은 두루 하지 않은 데가 없고
그 명칭은 모두 다 멀리멀리 들리도다.

부처님의 몸은 곧 법신이다. 법신은 법계에 충만하여 본래로 가고 옴이 없다. 그리고 어디에 머무름도 없다. 그러면서 이와 같이 눈에 보이는 것처럼, 귀에 들리는 것처럼 그 모습 없는 데가 없고 그 소리 들리지 않는 것이 없다.

무체무주처　　　　역무생가득
無體無住處며　　　亦無生可得이며
무상역무형　　　　소현개여영
無相亦無形이라　　所現皆如影이로다

몸도 없고 머무는 곳도 없으며
태어남도 또한 없으며
모습도 없고 형상도 없어서
나타난 것은 다 그림자 같네.

부처님의 법신은 체상이 없다. 체상이 없으므로 머무는 곳도 없다. 체상이 없으므로 또한 생멸도 없다. 아무런 형상도 모습도 없어서 그림자와 같다.

불 수 중 생 심 **佛隨衆生心**하사	위 흥 대 법 운 **爲興大法雲**하야
종 종 방 편 문 **種種方便門**으로	시 오 이 조 복 **示悟而調伏**이로다

부처님이 중생들의 마음을 따르사
큰 법의 구름을 일으켜서
갖가지 방편문으로써
보이고 깨닫게 하고 조복하시네.

부처님이 중생들의 마음을 따라 많고 많은 법을 설하신다. 모두가 법성을 열어 주고 보여 주고 깨닫게 하고 들어가게 하여 교화하고 조복하신다.

일 체 세 계 중	견 불 좌 도 량
一切世界中에	**見佛坐道場**하사
대 중 소 위 요	조 요 시 방 국
大衆所圍遶로	**照耀十方國**이로다

모든 세계 가운데에
부처님이 도량에 앉으심을 보니
대중들이 둘러 모시고
시방국토에 밝게 빛나도다.

일체 세계에 있는 산천초목 두두물물이 모두가 부처님이 도량에 앉아 계시고 보살 대중들이 둘러 모시고 있는 모습이라는 사실을 밝혔다. 필자는 걸음을 걸을 때나 앉아 있을 때나 누워 있을 때나 항상 삼라만상이 모두 화엄성중이라는 사실을 생각한다. 이 세상은 그대로가 화엄회상이다. 지금

의 이곳을 떠나서 달리 어디에 가서 화엄회상을 찾겠는가. 처처가 화엄회상이며 물물이 화엄성중이다.

일 체 제 불 신　　　　　개 유 무 진 상
一切諸佛身이　　　　**皆有無盡相**하시니

시 현 수 무 량　　　　　색 상 종 부 진
示現雖無量이나　　　**色相終不盡**이로다

일체 모든 부처님의 몸이
모두 그지없는 상호가 있으시니
나타내 보이심이 한량없으나
색상色相도 마침내 다하지 않네.

부처님의 신상身相이 다함이 없음을 밝혔다. 응화신도 다함이 없으며 진신眞身도 또한 다함이 없다. 응화신은 마치 거울이 만상을 상대하면 만상이 그대로 다 나타나는 것과 같아서 다함이 없다. 진신이 다함이 없는 것은 낱낱의 색상이 그 체가 다함이 없다는 것이다. 경문에서 "여래의 미묘한 색상은 항상 안온하여 시절과 겁을 따라 변하지 않네. 큰 성

인께서 오랜 세월 자비행을 닦으시어 금강과 같이 무너지지 않는 몸을 얻었도다."[8]라고 하였다.

4) 서방의 향염광香焰光보살의 찬탄

이시중중　부유보살마하살　명향염광보
爾時衆中에 復有菩薩摩訶薩하니 名香焰光普

명혜　승불위신　관찰시방　이설송왈
明慧라 承佛威神하사 觀察十方하고 而說頌曰

그때에 대중 가운데 다시 또 보살마하살이 있었습니다. 이름이 향염광보명혜香焰光普明慧였습니다. 부처님의 위신력을 받들어 시방을 관찰하고 게송으로 말하였습니다.

차회제보살　입불난사지
此會諸菩薩이 入佛難思地하사

8) 如來妙色常安隱. 不為時節劫數遷. 大聖曠劫行慈悲. 獲得金剛不壞體.

일 일 개 능 견　　　　일 체 불 신 력
一一皆能見　　　　**一切佛神力**이로다

이 회상에 모인 보살들이
부처님의 생각하기 어려운 경지에 들어가서
모든 부처님의 신통한 힘을
낱낱이 다 능히 보도다.

향염광보살의 게송은 부처님의 몸에 온갖 여러 가지 능력을 함유하고 있는 것을 찬탄하였는데 부처님의 가피에 대한 질문에 답한 것이다. 보살들이 부처님의 가피로 말미암아서 능히 부처님의 불가사의한 경지에 들어가기 때문이다. 그래서 "모든 부처님의 신통한 힘을 낱낱이 다 능히 보도다."라고 하였다.

지 신 능 변 입　　　　일 체 찰 미 진
智身能徧入　　　　**一切刹微塵**하사
견 신 재 피 중　　　　보 견 어 제 불
見身在彼中하야　　　　**普見於諸佛**이로다

지혜의 몸이
온갖 세계 미진에 두루 들어가
몸이 그 가운데에 있음을 보듯이
모든 부처님을 널리 보도다.

부처님의 지혜를 일체종지一切種智라고 한다. 즉 모든 존재의 평등성과 차별성을 남김없이 다 안다는 뜻이다. 그래서 지혜의 몸이 일체 세계 먼지 속에 다 들어가서 몸이 그 가운데 있음을 보듯이 모든 부처님을 널리 보는 것이다.

여 영 현 중 찰 **如影現衆刹**의	일 체 여 래 소 **一切如來所**에
어 피 일 체 중 **於彼一切中**에	실 현 신 통 사 **悉現神通事**로다

그림자와 같이 나타난 온갖 세계의
모든 여래의 처소에
그 모든 곳에서
신통한 일을 다 나타내도다.

금강경에 “일체 유위의 법은 꿈과 같고 환영과 같고 물거품과 같고 그림자와 같으며, 이슬과 같고 번갯불과 같으니 응당히 이와 같이 관찰하라.”라고 하였다. 이 세상의 모든 세계는 다 꿈이요 환영이다. 꿈이며 환영인 세계에 나타난 일체 현상들도 또한 꿈이며 환영이다.

보현제행원 **普賢諸行願**을	수치이명결 **修治已明潔**일새
능어일체찰 **能於一切刹**에	보견불신변 **普見佛神變**이로다

보현보살의 모든 행과 원을
잘 닦아 이미 깨끗하게 하고
능히 모든 세계에서
부처님의 신통변화를 널리 보도다.

불교의 궁극적 목표는 모든 사람이 사는 모습을 부처님의 신통변화라고 보는 것이며, 이 드넓은 세상을 모두가 화장장엄세계라고 보는 것이다. 그리고 이와 같은 사실을 보현보살의 행과 원으로 일체 중생에게 다 깨우치는 일이다.

신 주 일 체 처
身住一切處하야
일 체 개 평 등
一切皆平等하니

지 능 여 시 행
智能如是行하야
입 불 지 경 계
入佛之境界로다

몸이 일체 처소에 머물러
일체 처소마다 다 평등하니
지혜가 능히 이와 같이 행하여
부처님의 경계에 들어갔도다.

부처님 지혜의 몸은 일체 처소에 다 머문다. 어느 곳이든 부처님의 지혜가 이르지 않는 곳이 없다. 지혜가 이와 같아야 부처님의 경계에 이르렀다고 할 수 있다.

이 증 여 래 지
已證如來智하고
등 조 어 법 계
等照於法界하야

보 입 불 모 공 일 체 제 찰 해
普入佛毛孔의 一切諸刹海로다

여래의 지혜를 이미 증득하고
법계를 골고루 비춰서
부처님 모공毛孔의
모든 세계바다에 널리 들어가도다.

여래가 깨달으신 지혜를 이미 증득했다면 그 지혜는 온 법계를 두루 다 비춘다. 심지어 부처님의 모공에 있는 일체의 세계바다에까지도 다 들어간다.

일 체 불 국 토 개 현 신 통 력
一切佛國土에 皆現神通力하야
시 현 종 종 신 급 종 종 명 호
示現種種身과 及種種名號로다

모든 부처님 국토에
신통력을 다 나타내어서
갖가지의 몸과

갖가지의 명호를 나타내 보이도다.

삼라만상과 산천초목과 천지만물에는 모두 그 나름대로 모양이 있고 이름이 있다. 그대로가 부처님의 법신이며 그대로가 불명들이다.

능 어 일 념 경　　　　보 현 제 신 변
能於一念頃에　　　　**普現諸神變**하야

도 량 성 정 각　　　　급 전 묘 법 륜
道場成正覺하고　　　　**及轉妙法輪**이로다

능히 한 생각 사이에
모든 신통변화를 널리 나타내서
도량에서 정각正覺을 이루고
미묘한 법륜法輪을 굴리도다.

부처님이 유성출가하시고 설산에서 수도하시며 보리수 아래에서 정각을 이루시고 중생들을 교화하기 위하여 미묘한 법륜을 굴리시는 일들이 모두가 한순간에 나타내 보이는 신통변화이다. "한순간이 곧 한량없는 겁이다."라는 화엄의 이치대로다.

일 체 광 대 찰	억 겁 부 사 의
一切廣大刹을	**億劫不思議**어늘
보 살 삼 매 중	일 념 개 능 현
菩薩三昧中에	**一念皆能現**이로다

모든 광대한 세계를
억겁에도 생각해 내지 못하거늘
보살은 삼매 가운데서
한 생각에 다 능히 나타내도다.

보살은 설산에 앉아 삼매 가운데에 있으면서 코끼리 떼가 항하강을 건너가면서 내는 소리를 역력하게 다 듣는다고 하였다. 이와 같이 일체 세계를 한순간에 다 나타낸다.

일 체 제 불 토	일 일 제 보 살
一切諸佛土의	**一一諸菩薩**이

보 입 어 불 신　　　　무 변 역 무 량
普入於佛身호대　　　　無邊亦無量이로다

모든 부처님 국토의
낱낱 모든 보살들이
부처님 몸에 널리 들어가되
끝도 없고 또한 다함도 없도다.

일체 존재와 세계의 미세함을 밝혔다. 모든 세계의 낱낱 모든 보살들이 부처님의 몸에 두루 들어가는 데 가없고 한량이 없다.

5) 북방의 사자獅子보살의 찬탄

이 시 중 중　부 유 보 살 마 하 살　명 사 자 분 신
爾時衆中에 復有菩薩摩訶薩하니 名獅子奮迅
혜 광 명　승 불 위 신　변 관 시 방　이 설 송 왈
慧光明이라 承佛威神하사 徧觀十方하고 而說頌曰

그때에 대중 가운데 다시 또 보살마하살이 있으니

이름이 사자분신혜광명獅子奮迅慧光明이었습니다. 부처님의 위신력을 받들어 시방을 두루 살피고 게송으로 말하였습니다.

비로자나불	능전정법륜
毘盧遮那佛이	**能轉正法輪**하시니
법계제국토	여운실주변
法界諸國土에	**如雲悉周徧**이로다

비로자나 부처님이
능히 정법륜正法輪을 굴리사
법계의 모든 국토에
구름처럼 다 두루 하였네.

북방의 사자보살의 게송은 앞에서 질문한 부처님의 행에 대한 답이다. 부처님의 본체에 의하여 작용을 일으켜서 큰 법륜을 굴리는 것을 찬탄하였다. 부처님은 법을 전하여 중생을 교화하는 것이 곧 부처님의 행이다. 그러므로 첫 게송에서 비로자나 부처님이 정법륜을 굴리어 법계의 모든 국토에 구름처럼 두루 하였다고 하였다.

시방중소유	제대세계해
十方中所有	諸大世界海에
불신통원력	처처전법륜
佛神通願力으로	處處轉法輪이로다

시방에 있는
모든 큰 세계바다에
부처님의 신통과 원력으로
곳곳에서 법륜을 굴리시네.

이 게송도 역시 모든 세계에서 부처님의 신통과 서원의 힘으로 곳곳에서 법륜을 굴리시는 내용이다. 불교가 세상에서 할 일은 오직 하나다. 진리의 가르침을 널리 펴는 것 외에 다른 것은 없다. 심지어 봉사를 하고 자선사업을 하더라도 법륜을 굴리기 위한 방편으로 삼아야 한다. 목적을 상실한 방편은 진정한 방편이 아니다. 그러므로 화엄경은 줄기차게 법륜을 굴리는 것을 강조한다.

일 체 제 찰 토　　　광 대 중 회 중
一切諸刹土의　　廣大衆會中에

명 호 각 부 동　　　수 응 연 묘 법
名號各不同하사　隨應演妙法이로다

일체 모든 세계의
광대한 회중會衆 가운데
명호名號가 각각 같지 않으사
따르고 맞춰 가며 묘법을 연설하네.

부처님이 깨달으신 미묘한 법을 일체 국토마다 설한다. 그리고 대중들의 근기를 따라 부처님의 명호마저 각각 다르게 설한다. 여래명호품이 그와 같은 내용이다.

여 래 대 위 력　　　보 현 원 소 성
如來大威力이　　普賢願所成이라

일 체 국 토 중　　　묘 음 무 부 지
一切國土中에　　妙音無不至로다

여래의 크신 위신력은

보현의 행원으로 이루신 바라
모든 국토 가운데에
미묘한 음성이 이르지 않는 데 없네.

화엄경의 결론은 보현행원품이다. 그뿐만 아니라 팔만대장경의 결론도 또한 보현행원품이다. 모든 여래의 위대한 신력도 모두 보현보살과 같은 행원의 힘에서 나온 것이다. 그러므로 모든 불자들은 보현보살의 열 가지 행원을 삶의 지침으로 삼아야 한다.

불 신 등 찰 진	보 우 어 법 우
佛身等刹塵하사	**普雨於法雨**하사대
무 생 무 차 별	현 일 체 세 간
無生無差別하야	**現一切世間**이로다

부처님의 몸은 세계 티끌 같으사
법의 비를 널리 쏟으시되
생멸도 없고 차별도 없이
모든 세간에 나타나시네.

부처님의 몸은 모든 세계다. 부처님의 몸은 산하대지다. 부처님의 몸은 깨달음의 지혜다. 현재 나타난 대로 보이는 대로 그대로가 부처님의 몸이다. 그대로가 법의 비를 쏟음이다. 생멸도 없고 차별도 없이 세상에 나타난 그대로다.

무수제억겁	일체진찰중
無數諸億劫의	一切塵刹中에
왕석소행사	묘음함구연
往昔所行事를	妙音咸具演이로다

수없는 모든 억겁의
일체 티끌세계 가운데
지난 옛적 행한 일을
미묘한 음성으로 다 연설하시네.

부처님 설법의 내용은 모두가 지난 옛적에 오랜 세월 동안 무수한 곳에서 수행하신 일을 연설하신 것이다.

시 방 진 국 토　　　광 망 실 주 변
十方塵國土에　　　光網悉周徧이어든

광 중 실 유 불　　　보 화 제 군 생
光中悉有佛하사　　普化諸群生이로다

시방의 미진 국토에
광명그물이 모두 다 두루 한데
광명 속에 다 부처님이 계시면서
모든 중생들을 널리 교화하도다.

작은 먼지 숫자와 같이 많고 많은 시방의 모든 국토는 그대로 진리의 광명으로 밝게 빛나고 있다. 진리의 광명은 그대로가 부처님인 까닭에 시방국토에 가득 차 있다. 이와 같은 이치로 모든 중생들을 널리 교화한다.

불 신 무 차 별　　　충 만 어 법 계
佛身無差別하야　　充滿於法界하사

능 령 견 색 신　　　수 기 선 조 복
能令見色身하야　　隨機善調伏이로다

부처님의 몸은 차별이 없어서
법계에 충만하사
능히 색신色身을 보게 해서
근기를 따라서 잘 조복하도다.

법계에 충만한 모습이 그대로 부처님의 몸이지만 중생들의 근기를 따라 조복하기 위해서는 갖가지 색신色身을 나타내 보이신다. 소위 32상과 80종호라는 것이 그것이다.

삼 세 일 체 찰	소 유 중 도 사
三世一切刹에	所有衆導師의
종 종 명 호 수	위 설 개 령 견
種種名號殊를	爲說皆令見이로다

삼세 일체 세계에 있는
많은 도사導師들의
가지가지 다른 이름을
설해 주어 다 보게 하도다.

도사導師, 즉 나를 가르치고 인도하는 선지식이란 어떤 특정한 사람이 아니다. 과거 현재 미래의 모든 사람 모든 사건들이 실은 나의 선지식이다. 깨닫고자 하고 알고자 하는 깨어 있는 마음만 있으면 모두가 선지식이다.

과미급현재 일체제여래
過未及現在에 一切諸如來의

소전묘법륜 차회개득문
所轉妙法輪을 此會皆得聞이로다

과거와 미래와 현재의
일체 모든 여래가
굴리신 미묘한 법륜을
이 법회에서 다 들을 수 있네.

과거와 미래와 현재의 그 많고 많은 여래가 아무리 많은 법륜을 굴리신다 하더라도 자신의 지금 여기에 이렇게 있음 안에 다 함유되어 있다. 다시 말하면 부처님의 미묘한 수많은 법륜은 내가 지금 여기에 이렇게 존재하는 사실 안에 다 있다는 뜻이다. 이 또한 한 먼지 속에 시방세계가 존재하는 화엄의 원리다.

6) 동북방의 법해法海보살의 찬탄

이시중중 부유보살마하살 명법해혜공
爾時衆中에 **復有菩薩摩訶薩**하니 **名法海慧功**
덕장 승불위신 관찰시방 이설송왈
德藏이라 **承佛威神**하사 **觀察十方**하고 **而說頌曰**

그때에 대중 가운데 다시 또 보살마하살이 있었으니 이름이 법해혜공덕장法海慧功德藏이었습니다. 부처님의 위신력을 받들어 시방을 관찰하고 게송으로 말하였습니다.

차회제불자 선수중지혜
此會諸佛子가 **善修衆智慧**하니
사인이능입 여시방편문
斯人已能入 **如是方便門**이로다

이 법회의 모든 불자들이
온갖 지혜를 잘 닦았으니
이 사람들은 이미
이와 같은 방편문에 들어갔도다.

동북방의 법해보살은 앞에서 대중들이 모인 중에서는 이름이 최승광명등무진공덕장最勝光明燈無盡功德藏이었다. 법해法海는 최승最勝에 해당하고 광명이란 뜻은 지혜의 뜻과 같다. 공덕장이란 이름은 앞뒤가 다르지 않다. 무진無盡이라는 두 글자는 앞에서는 있었으나 뒤에는 없다. 게송에서는 모든 불교인은 온갖 지혜를 닦아야 한다는 것을 밝혔다. 불교에서 가장 우선하는 수행은 지혜를 닦는 일이라는 것을 다시 명심하게 한다.

일일국토중　　　　보연광대음
一一國土中에　　**普演廣大音**하야
설불소행처　　　　주문시방찰
說佛所行處하니　**周聞十方刹**이로다

낱낱 국토 가운데서
광대한 소리를 널리 내어
부처님이 행한 것을 연설하니
시방세계에 두루 들리도다.

오늘날의 불교는 전 세계에 널리 전파되어 불교를 모르는 나라가 없고 불교를 모르는 사람이 없을 정도가 되었다. 불교의 전파에서는 먼저 부처님의 생애와 사상이 전해지고 다음으로 사람들의 삶에 어떤 영향을 끼치고 어떤 이익을 주는가 하는 문제에 관심을 갖게 된다. 그러므로 화엄경의 중심 사상인 보현행원으로 사람들에게 이익을 주고 불법을 전파하고 실천해야 할 것이다.

일일심념중
一一心念中에
보관일체법
普觀一切法하고
안주진여지
安住眞如地하야
요달제법해
了達諸法海로다

낱낱 생각 속에서

모든 법을 널리 살피고
진여眞如의 땅에 안주해서
모든 법의 바다를 통달하였도다.

기신론에서는 네 가지 믿음을 강조한다. 부처님과 법과 승가와 진여다. 불법승을 알고 불법승에 귀의하고 불법승을 믿는 것은 모두가 잘 아는 사실이다. 그것에 못지않게 중요한 것이 진여를 알고 진여를 믿는 일이다. 진여가 없고 진여를 모른다면 불법승도 존재할 수 없다. 그러므로 진여의 땅에 안주해서 모든 법의 바다를 통달하는 것이다.

일 일 불 신 중 / 억 겁 부 사 의
一一佛身中 / **億劫不思議**에

수 습 바 라 밀 / 급 엄 정 국 토
修習波羅蜜하며 / **及嚴淨國土**로다

낱낱 부처님 몸속에서
부사의한 억겁 동안
바라밀을 닦으며

국토를 엄정嚴淨히 하였도다.

근래 한국에는 불상을 크게 조성하고 부처님의 몸속법당을 만들어 사람들을 교화하는 방편으로 삼는 곳이 가끔 나타난다. 실은 모든 사람 모든 생명은 이미 부처님의 몸속에서 세세생생 바라밀을 닦고 살아간다. 부처님의 몸속에 있다는 것은 곧 부처님이라는 의미다. 몸과 몸속은 둘이 아니기 때문이다. 그렇다면 우리는 부처님을 구성하고 있는 낱낱의 세포이다.

일일미진중 능증일체법
一一微塵中에 **能證一切法**하고

여시무소애 주행시방국
如是無所礙하야 **周行十方國**이로다

낱낱 티끌 속에서
모든 법을 능히 증득하고
이와 같이 걸림이 없어서
시방국토에 두루 다니도다.

처처處處가 불상佛像이며 사사事事가 불공佛供이라는 말이 있다. 낱낱 먼지에서 일체 법을 증득하여 걸림 없이 시방을 두루 다니는 것이 모든 사람들의 삶이 되어야 한다.

일일불찰중	왕예실무여
一一佛刹中에	往詣悉無餘하야
견불신통력	입불소행처
見佛神通力하고	入佛所行處로다

낱낱 부처님 세계 가운데
남김없이 다 나아가서
부처님의 신통력을 보고
부처님의 행한 곳에 들어가도다.

계절이 바뀌어 봄이 와서 나무나 풀에 새싹이 돋는 것도 부처님의 신통력이며, 바람이 불어 나무가 흔들리는 것도 부처님의 신통력이다. 사람이 보고 듣고 느끼고 알며 반응하는 것도 부처님의 신통력이고, 기뻐하고 슬퍼하며 화를 내고 즐거워하는 것도 또한 부처님의 신통력이다. 이 모든 신통력에 눈을 뜨고 아는 일이 곧 부처님의 행한 곳에 들어가는 일이다.

제 불 광 대 음	법 계 미 불 문
諸佛廣大音을	**法界靡不聞**하나니
보 살 능 요 지	선 입 음 성 해
菩薩能了知하야	**善入音聲海**로다

모든 부처님의 넓고 큰 소리를
온 법계에서 다 듣나니
보살이 능히 잘 알아서
음성바다에 잘 들어가도다.

소리가 있음도 부처님의 광대한 음성바다며, 소리가 없어서 고요함도 부처님의 음성바다다. 이와 같은 부처님의 음성바다는 법계에 없는 곳이 없다. 보살은 이와 같은 이치를 잘 안다.

겁 해 연 묘 음	기 성 등 무 별
劫海演妙音에	**其聲等無別**하시니

지주삼세자　　입피음성지
智周三世者가　　入彼音聲地로다

오랜 겁 동안 미묘한 소리를 내되
그 소리 모두 같아 차별이 없으니
지혜가 삼세에 두루 한 이는
그와 같은 음성 경지에 들어갔도다.

지혜가 삼세에 두루 한 이는 음성의 공성空性을 통해서 모든 존재의 평등하고 공한 이치를 쉽게 안다. 이것이 음성 경지에 들어간 것이다.

중생소유음　　급불자재성
衆生所有音과　　及佛自在聲에

획득음성지　　일체개능료
獲得音聲智하야　　一切皆能了로다

중생들이 가진 소리와
부처님의 자재하신 소리에서
음성 지혜를 얻어서

일체를 다 능히 알도다.

중생들의 부자유한 소리나 부처님의 자재한 소리에서 음성의 실체를 깨닫는 것이 곧 음성 지혜를 얻는 것이다.

종 지 이 득 지 **從地而得地**하야	주 어 력 지 중 **住於力地中**하니
억 겁 근 수 행 **億劫勤修行**하야	소 획 법 여 시 **所獲法如是**로다

지위地位를 좇아 지위를 얻어서

십력十力의 지위 가운데 머무르나니

억겁 동안 부지런히 수행해서

얻은 법이 다 이와 같도다.

화엄경은 보살의 수행 계위를 52단계로 설정하였다. 그 하나하나를 지위라고 한다. 처음 십신十信의 지위에서 십주, 십행, 십회향, 십지, 등각, 묘각에 이른다. 묘각은 십력이라 부르는 부처님의 마지막 지위다. 억겁이라는 길고 긴 세월의 수행 결과다.

7) 동남방의 혜등慧燈보살의 찬탄

이시중중 부유보살마하살 명혜등보명
爾時衆中에 復有菩薩摩訶薩하니 名慧燈普明

승불위신 관찰시방 이설송왈
이라 承佛威神하사 觀察十方하고 而說頌曰

그때에 대중 가운데 또 보살마하살이 있었으니, 이름이 혜등보명慧燈普明이었습니다. 부처님의 위신력을 받들어 시방을 관찰하고 게송으로 말하였습니다.

일체제여래 원리어중상
一切諸如來가 遠離於衆相하시니

약능지시법 내견세도사
若能知是法하면 乃見世導師로다

일체 모든 여래가

온갖 상을 멀리 떠나시니
만약 이러한 법을 능히 알면
이에 세간의 도사導師를 보리라.

이번의 열 게송은 보살의 깨달음이 깊고 넓음을 찬탄하였다. 보살의 삼매의 힘을 말미암아 부처님의 삼매를 본다. 앞에서 무엇이 부처님의 삼매인가를 물음에 답한 것이다.

금강경에 "일체의 상을 떠난 것이 곧 부처님이다."라는 말이 있으며, 또 "무릇 형상이 있는 것은 모두 다 허망하다. 만약 모든 형상에서 형상이 아니라는 사실을 보면 곧 여래를 보리라."라고도 하였다. 이 게송은 금강경의 그와 같은 내용과 완전히 일치한다.

어떤 사람이 말한 "컵이 본래 깨져 있는 것으로 보고 사용하라."라고 한 것과도 같다. 부연하면 "나 자신도 일찍이 죽은 몸, 본래 없는 몸이라는 사실을 알고 살아가라."라고도 할 수 있다. 사실 우리들 인생은 처음부터 보너스요, 상여금이요, 특별수당이다. 지금 이렇게 사는 것은 모두가 공짜다. 매일매일이 특별수당이다. 수백 억짜리 로또 복권이다. 이 얼마나 기분 좋은 일인가. 가뿐하고 상쾌하지 않은가. 하루아침에 다 써 버려도 섭섭하지 않은 공짜 돈이다.

보살삼매중	혜광보명료
菩薩三昧中에	**慧光普明了**하사
능지일체불	자재지체성
能知一切佛의	**自在之體性**이로다

보살이 삼매 가운데서
지혜의 빛이 널리 명료하시어
능히 모든 부처님의
자재하신 체성體性을 알도다.

하나의 사물을 관찰하거나 한마디의 설법을 듣는 일에도 잠깐 동안 마음을 가라앉히고 다른 생각을 멀리하여 조용히 사유하는 시간을 가져야 한다. 부처님의 자재한 체성을 바르게 이해하려면 보살 수준의 깊고 깊은 삼매에서 발현하는 지혜의 광명이라야 하지 않을까.

견 불 진 실 체
見佛眞實體하면 즉 오 심 심 법
則悟甚深法이니

보 관 어 법 계
普觀於法界하고 수 원 이 수 신
隨願而受身이로다

부처님의 진실한 체성을 보면
심히 깊은 법을 깨달으리니
법계를 널리 살피고
서원을 따라 몸을 받으리라.

부처님의 진실한 체성을 본다는 것은 부처님에 대한 모든 것을 철두철미하게 다 안다는 뜻이다. 심히 깊은 법을 깨닫는 것은 당연한 일이며 따라서 부처님과 같은 서원을 세우게 되고 그 서원을 따라 부처님의 몸을 나타내리라.

종 어 복 해 생
從於福海生하야 안 주 어 지 지
安住於智地하고

관 찰 일 체 법
觀察一切法하야 수 행 최 승 도
修行最勝道로다

복의 바다에서 나서
지혜의 땅에 안주하고
모든 법을 관찰해서
가장 수승한 도를 수행하였도다.

사람의 삶이란 눈을 뜨고 마음의 문을 열고 보면 온통 복의 바다가 넘쳐흐름을 알 수 있다. 불보살들은 그와 같은 사실을 지혜로 깨달아 그 속에 안주한다. 이 세상 어디를 돌아보아도 인생은 가장 존귀한 존재며, 최고의 가치며, 가장 수승한 길이다. 법성게에서는 "저 허공 가득하게 무한한 보물이 장마철 비가 쏟아지듯이 행복이 넘쳐나지만 사람들은 각자의 그릇의 크기를 따라 이익과 행복을 누린다[雨寶益生滿虛空 衆生隨器得利益]."라고 하였다.

일체불찰중　　　　일체여래소
一切佛刹中에　　**一切如來所**라

여시변법계　　　　실견진실체
如是徧法界하야　**悉見眞實體**로다

일체 세계가
일체 여래의 처소라
이와 같이 법계에 두루하여
진실한 체성을 모두 보네.

일체 세계가 곧 일체 여래다. 온 법계가 그대로 여래의 진실한 본체다. 우주법계 삼라만상 천지만물 외에 달리 여래의 진실한 본체는 없다. 이와 같이 보는 사람은 불법을 바로 보는 것이고 이와 달리 보는 사람은 불법을 잘못 보는 것이다.

시 방 광 대 찰	억 겁 근 수 행
十方廣大刹에	**億劫勤修行**하야
능 유 정 변 지	일 체 제 법 해
能遊正徧知의	**一切諸法海**로다

시방의 광대한 세계에서
억겁 동안 부지런히 수행하여
바르고 두루 아는 지혜[正徧知]의
일체 법의 바다에서 훌륭히 노닐도다.

부처님의 덕행과 능력을 표현하는 열 가지 이름 중에 '바르고 두루 아는 지혜[正徧知]'가 있다. 오랜 수행에 의하여 존재의 실상을 바르게 깨달은 것을 뜻한다. 이와 같은 지혜가 있으므로 일체 법의 바다에서 노닐 수 있다.

유일견밀신 **唯一堅密身**을	일체진중견 **一切塵中見**하나니
무생역무상 **無生亦無相**이로대	보현어제국 **普現於諸國**이로다

오직 하나 견고하고 비밀한 몸을
일체 먼지 속에서 보나니
생멸도 없고 형상도 없으나
모든 국토에 널리 나타나도다.

부처님의 신업身業이 널리 응함을 찬탄하였다. 부처님의 신업이란 오직 하나며, 하나란 전체다. 영원히 무너지지 않는 견고한 것이며, 아무나 쉽게 알 수 없는 비밀한 것이다. 그러나 또한 일체 먼지 속에서 다 보지만 특별한 형상이 없다. 형상이 없으므로 생멸도 없다.

수 제 중 생 심
隨諸衆生心하야

보 현 어 기 전
普現於其前하사

종 종 시 조 복
種種示調伏하야

속 령 향 불 도
速令向佛道로다

모든 중생의 마음을 따라서
그 앞에 널리 나타나사
가지가지로 조복함을 보여
속히 불도에 향하게 하도다.

불교가 세상에 대해서 해야 할 일이란 모든 사람들의 마음을 따라 그 앞에 일일이 나타나서 정치, 문화, 교육, 경제, 일상생활 등 모든 분야에서 큰 영향을 행사하는 일이다. 그와 같은 것을 가지가지로 조복하여 불도에 향하게 한다고 하였다.

이불위신고　　　　출현제보살
以佛威神故로　　　出現諸菩薩하시니

불력소가지　　　　보견제여래
佛力所加持로　　　普見諸如來로다

부처님의 위신력을 써서
모든 보살들을 나타내시니
부처님의 힘으로 가지加持하여
모든 여래를 널리 보게 하도다.

요즘은 인간불교, 사람불교, 또는 인간부처, 사람부처님과 같은 말을 쉽게 사용한다. 과학적 생활이 발전하고 불교도 발전하다 보니 이제 불교의 궁극적 이치를 다 알게 된 것이다. 부처님의 위신력이나 부처님의 가지란 모두가 사람부처님이 본래로 갖추고 있는 무한한 능력이다. 이 능력을 제외하고 달리 어디에 가서 부처님의 위신력을 찾으며 부처님의 가지를 찾겠는가.

일체중도사 무량위신력
一切衆導師가 無量威神力으로

개오제보살 법계실주변
開悟諸菩薩하사 法界悉周徧이로다

온갖 많은 도사께서
한량없는 위신력으로
모든 보살들을 깨우쳐서
법계에 다 두루 하도다.

법계에 충만한 현상들은 일체 도사께서 한량없는 위신력으로 보살들을 깨우친 모습들이다. 화엄의 이치대로라면 보살들을 깨우쳤다 하더라도 달리 특이한 조작은 있을 수 없으며 본래 저절로 그러한 모습일 뿐이다.

8) 서남방의 화염계華焰髻보살의 찬탄

이시중중 부유보살마하살 명화염계보
爾時衆中에 復有菩薩摩訶薩하니 名華焰髻普

명지　승불위신　관찰시방　이설송왈
明智라 承佛威神하사 觀察十方하고 而說頌曰

그때에 대중 가운데 다시 또 보살마하살이 있었으니 이름이 화염계보명지華焰髻普明智이었습니다. 부처님의 위신력을 받들어 시방을 관찰하고 게송으로 말하였습니다.

일체국토중　보연미묘음
一切國土中에 普演微妙音하사

칭양불공덕　법계실충만
稱揚佛功德하야 法界悉充滿이로다

모든 국토 가운데에
미묘한 소리를 널리 내어서
부처님의 공덕을 칭양 찬탄하여
법계에 다 충만하도다.

화염계보살의 게송은 부처님이 중생을 거두는 데 자재한 덕을 밝혔다. 앞에서 "무엇이 부처님의 자재입니까?"라고 한 질문의 답이다.

모든 국토 일체 삼라만상이 제각기 자신들의 모습을 드러내어 한껏 뽐내고 있다. 아름답기 그지없고 미묘하기 이를 데 없다. 그야말로 시냇물 소리, 바람 소리, 자동차 소리, 사람들이 떠드는 소리 이 모두가 부처님의 광장설법이다. 그 내용인즉 일체가 모든 존재의 공덕을 설명하여 드러낸다. 어느 곳 어떤 사물 어떤 현상이든 그렇지 않은 것이 없다. 이 모든 사실이 부처님의 어업語業이라고 본다.

불 이 법 위 신　　　　청 정 여 허 공
佛以法爲身하시니　**清淨如虛空**이라

소 현 중 색 형　　　　영 입 차 법 중
所現衆色形으로　**令入此法中**이로다

부처님은 법으로써 몸을 삼으시니
청정하기가 허공과 같네.
나타내신 온갖 색과 형상으로
이 법 가운데 들어가게 하도다.

부처님의 신업身業이 깊고 넓음을 밝혔다. 법은 삼라만상 모든 존재의 현상과 그 이치다. 부처님은 그와 같은 법으로써 몸을 삼는다. 눈앞에 이와 같이 나타난 현상으로 이와 같은 법에 들어가게 한 것이다.

약 유 심 신 희
若有深信喜와

급 위 불 섭 수
及爲佛攝受면

당 지 여 시 인
當知如是人은

능 생 요 불 지
能生了佛智로다

만약 깊이 믿고 기뻐하거나
부처님이 섭수攝受하여 주시면
마땅히 알라. 이와 같은 사람은
능히 부처님을 아는 지혜를 내리라.

화엄경의 가르침을 깊이 믿고 기뻐하면 반드시 시방의 부처님이 섭수해 주실 것이다. 그리고 부처님의 모든 세계를 아는 지혜를 증득하리라.

제 유 소 지 자　　　　불 능 지 차 법
諸有少智者는　　　　不能知此法하나니

혜 안 청 정 인　　　　어 차 내 능 견
慧眼淸淨人이라야　　　　於此乃能見이로다

모든 지혜가 없는 사람은

능히 이 법을 알지 못하나니

지혜의 눈이 청정한 이라야

여기에서 능히 보리라.

물질의 경계에 집착하거나 소리에 집착하거나 향기에 집착하거나 맛에 집착하거나 감촉에 집착하는 사람은 지혜가 없어서 화엄경의 이치나 화엄경의 문장에서 맛이나 재미를 느끼지 못하며 알지 못한다. 지혜가 뛰어난 사람이라야 이 화엄경의 도리를 느끼고 즐거워하리라.

이 불 위 신 력　　　　관 찰 일 체 법
以佛威神力으로　　　　觀察一切法호대

입주급출시 소견개명료
入住及出時를 所見皆明了로다

부처님의 위신력으로
일체의 법을 관찰하되
들어가고 머물고 나오는 때를
보는 바가 모두 명료明了하도다.

깨달음의 지혜로 생로병사와 생주이멸과 성주괴공을 명료하게 관찰하고 그 이치에 부합하여 삶을 영위한다면 그는 지혜로운 사람이라 할 것이다.

일체제법중 법문무유변
一切諸法中에 法門無有邊하니
성취일체지 입어심법해
成就一切智하사 入於深法海로다

일체 법 가운데
법문이 그지없으니
일체지一切智를 성취하사

깊은 법의 바다에 들어갔도다.

진리의 가르침이라는 법문은 일체 존재에 이미 다 그지없이 드러나 있다. 다만 그 모든 진리의 가르침을 보고 들을 수 있는 지혜만 있다면 깊은 법의 바다에 들어가리라.

안주불국토　　　　출흥일체처
安住佛國土하야　　**出興一切處**하사대

무거역무래　　　　제불법여시
無去亦無來하시니　**諸佛法如是**로다

부처님의 국토에 안주하여
온갖 곳에 출흥出興하되
감도 없고 또한 옴도 없으시니
모든 부처님의 법이 이와 같도다.

사람이나 사물은 어느 한곳에 있으면서 전 우주에 함께 존재한다. 작은 종이 한 장에 온 우주가 다 포함되어 있는 원리가 그것이다. 틱낫한[釋一行]스님은 이와 같은 이치를 이렇게 표현하였다. "만일 당신이 시인이라면 이 한 장의 종이 안에서 구름이 흐른다는 것을 분명히 볼 것입니다. 구름이 없다면 비는 내릴 수 없고, 비가 내리지 않는다면 나무는 자랄 수 없습니다. 그리고 나무가 자라지 않는다면 종이를 얻을 수 없습니다. 종이가 존재하기 위해서는 구름이 필수입니다. 만일 구름이 이곳에 없다면 종이도 여기에 있을 수 없습니다. 그러므로 구름과 종이는 서로 공존한다고 말할 수 있습니다." 일체 존재가 이와 같은 원리에서 한 치도 벗어나지 않는다.

일 체 중 생 해　　　　불 신 여 영 현
一切衆生海에　　　　**佛身如影現**하시니

수 기 해 차 별　　　　여 시 견 도 사
隨其解差別하야　　　　**如是見導師**로다

일체 중생의 바다에
부처님의 몸이 그림자처럼 나타나시니
그 이해의 차별함을 따라서
이와 같이 도사를 보도다.

일체 중생의 바다는 그대로가 곧 부처님의 몸이다. 부처님의 몸과 일체 중생이 겹쳐져 있다. 다만 사람들의 이해가 차별하여 부처님을 이해하고 중생을 이해하는 것이 다를 뿐이다.

일체모공중 각각현신통
一切毛孔中에 各各現神通하시니
수행보현원 청정자능견
修行普賢願하야 清淨者能見이로다

일체 모공毛孔 가운데서
각각 신통을 나타내시니
보현의 행원을 수행하여
청정한 이가 능히 보도다.

부처님의 모공뿐 아니라 일체 사람 일체 생명의 모공에서 다 각각 신통묘용을 나타낸다. 일체 사람 일체 생명의 모든 모공에서 신통묘용을 나타내는 것을 볼 수 있으려면 보현보살의 위대한 행원을 수행하고 지혜가 명달하여야 한다.

불 이 일 일 신　　　　처 처 전 법 륜
佛以一一身으로　　　　**處處轉法輪**하사

법 계 실 주 변　　　　사 의 막 능 급
法界悉周徧하시니　　　　**思議莫能及**이로다

부처님이 낱낱 몸으로

곳곳에서 법륜을 굴리어

법계에 다 두루 하게 하시니

생각으로는 능히 미칠 수 없도다.

삼라만상 두두물물이 모두 부처님의 몸이며 낱낱이 다 법륜을 굴리어 법계에 가득하건만 지혜가 밝지 못한 이는 짧은 생각으로 그와 같은 사실을 이해하지 못한다.

9) 서북방의 위덕威德보살의 찬탄

이 시 중 중　부 유 보 살 마 하 살　명 위 덕 혜 무
爾時衆中에 **復有菩薩摩訶薩**하니 **名威德慧無**

진 광　승 불 위 신　관 찰 시 방　이 설 송 왈
盡光이라 **承佛威神**하사 **觀察十方**하고 **而說頌曰**

그때에 대중 가운데 다시 또 보살마하살이 있으니 이름이 위덕혜무진광威德慧無盡光이었습니다. 부처님의 위신력을 받들어 시방을 관찰하고 게송으로 말하였습니다.

일일불찰중 처처좌도량
一一佛刹中에 **處處坐道場**하사
중회공위요 마군실최복
衆會共圍遶하야 **魔軍悉摧伏**이로다

낱낱 세계 중에
곳곳에서 도량에 앉으사
대중들이 함께 둘러싸고
마군魔軍들을 다 꺾어 항복 받도다.

위덕보살의 게송은 부처님이 출현하시고 설법하심이 모두 두루 한 덕을 찬탄하였다. 앞에서 부처님의 무외無畏에 대한 물음에 답하였다. 부처님이 처음 보리도량 보리수나무 밑에 앉아 마군들을 항복받고 정각을 이룬 그 순간 일체 세계 일체 도량에서도 다 같이 그렇게 하였다. 먼지 하나가 움직일 때 일체 우주가 다 함께 움직이는 이치이다.

불신방광명 변만어시방
佛身放光明하사 **徧滿於十方**하야

수응이시현 색상비일종
隨應而示現하시니 **色相非一種**이로다

부처님 몸에서 광명을 놓으사
시방에 두루 가득하여
따르며 맞추어서 나타내 보이시니
빛과 모양이 한가지가 아니로다.

부처님의 몸이란 곧 설법이며 가르침이며 지혜다. 설법과 가르침이 시방에 가득하여 중생들의 근기와 수준을 따르고 맞추어서 가지가지로 빛과 형상을 나타내 보인다.

일일미진내 광명실충만
一一微塵內에 **光明悉充滿**하사

보견시방토　　　　종종각차별
普見十方土의　　　種種各差別하시니

낱낱의 작은 먼지 속에
광명이 다 충만하여
시방국토의
갖가지 차별들을 널리 보도다.

해나 달이나 전깃불과 같이 사람의 눈으로 볼 수 있게 빛을 내는 것만 광명이 아니다. 우주에 존재하는 온갖 것이 낱낱이 다 광명으로 충만하다. 먼지 하나하나마다 모두 광명으로 충만하다. 설사 빛이 없어도 낱낱이 그 자체만으로도 훌륭한 광명이다.

시방제찰해　　　　종종무량찰
十方諸刹海에　　　種種無量刹이

실평탄청정　　　　제청보소성
悉平坦清淨하야　　帝青寶所成이라

시방의 모든 세계바다에

가지가지 한량없는 세계가
모두 평탄하고 청정하여
제청帝靑 보석으로 이루어졌도다.

정각의 눈을 뜨고 세상을 보면 이 세상은 지금 이대로 가장 아름답고 고귀한 보석으로 빛나고 있다. 설사 우리가 알고 있는 가시넝쿨이라 하더라도, 또한 모래밭 자갈길이라 하더라도 그대로가 값지고 소중한 보석 덩어리다. 하물며 사람이야 일러 무엇하겠는가.

혹복혹방주　　　　혹사연화합
或覆或傍住며　　**或似蓮華合**이며
혹원혹사방　　　　종종중형상
或圓或四方인　　**種種衆形相**이로다

혹은 엎어지고 혹은 곁에 붙어 머물며
혹은 연꽃이 오므린 것 같으며
혹은 둥글고 혹은 네모난
갖가지가 여러 형상이로다.

위의 게송에서 말한 시방의 한량없는 세계를 이어서 찬탄하였다. 한량없는 세계는 가지가지 모양을 갖추었다. 혹 엎어지고 혹 곁에 붙어 머물며 혹 둥글고 혹 네모났으며 혹 연꽃 봉오리 같다. 세계의 모양도 제각각이고 삼라만상의 모양도 제각각이다. 사람들의 생김새와 그 마음 씀씀이도 역시 제각각이다.

법 계 제 찰 토 法界諸刹土에	주 행 무 소 애 周行無所礙하사
일 체 중 회 중 一切衆會中에	상 전 묘 법 륜 常轉妙法輪이로다

법계의 모든 세계에
걸림 없이 두루 다니며
온갖 대중 모임에서
항상 미묘한 법륜을 굴리도다.

불교란 부처님이 깨달으신 사람과 그 외 모든 존재의 존재 원리, 즉 참다운 이치[眞理]를 널리 가르쳐서 사람들로 하여금 그 이치에 맞게 살도록 하는 일이다. 그것을 "법계의 모든 세계에 걸림 없이 두루 다니며 온갖 대중 모임에서 항상 미묘한 법륜을 굴린다."라고 한다. 그러므로 불교를 공부하는 사람은 전 국토 전 세계의 모든 사람들에게 진리의 가르침을 전파하는 데 보다 적극적으로 힘을 기울여야 한다. 그것이 또한 부처님께 최상의 공양으로 공양하는 일이며, 일체 중생에게 최상의 공양으로 법공양하는 일이다.

불 신 부 사 의　　　국 토 실 재 중
佛身不思議여　　**國土悉在中**이라

어 기 일 체 처　　　도 세 연 진 법
於其一切處에　　**導世演眞法**이로다

부처님의 몸 부사의함이여
국토마다 그 가운데 다 있네.
그 모든 곳에서
세상을 인도하는 이가 참다운 법을 연설하도다.

세상을 인도하는 사람은 인생의 참다운 이치를 가르쳐야

한다. 여행을 할 때 낯선 도시와 처음 보는 경치를 인도하는 사람은 그 도시와 경치의 깊은 내용과 가치들에 대해 잘 가르치고 알려 줘야 하듯이 세상의 지도자는 민중을 잘 가르쳐야 한다. 오로지 경제, 경제, 경제만을 외칠 것이 아니라 인생의 참다운 가치를 일깨워 주어야 한다. 그 자리에 있을 때 그 일을 못하면 다시는 기회가 오지 않는다.

소 전 묘 법 륜	법 성 무 차 별
所轉妙法輪이여	**法性無差別**이라
의 어 일 실 리	연 설 제 법 상
依於一實理하사	**演說諸法相**이로다

굴리시는 미묘한 법륜이여
그 법성法性은 차별이 없음이라.
하나의 실다운 이치를 의지하여
모든 법의 현상을 연설하도다.

일통일체통一通一切通이라는 말이 있다. 하나를 통하면 일체를 다 통한다는 것이다. 마치 한 타래의 실을 물들이면 수

백 줄의 실이 다 물드는 이치와 같다. 진리를 터득하면 하나의 실다운 이치에 의지하여 모든 법의 현상을 다 설명할 수 있다.

불 이 원 만 음 **佛以圓滿音**으로	천 명 진 실 리 **闡明眞實理**하사
수 기 해 차 별 **隨其解差別**하야	현 무 진 법 문 **現無盡法門**이로다

부처님이 원만한 음성으로
진실한 이치를 밝히며
그 이해의 차별함을 따라서
그지없는 법문을 나타내도다.

부처님의 가르침이란 모든 존재의 진실한 이치를 천명하는 데 있다. 모든 존재의 진실한 이치를 천명함으로 그 음성이 원만하다. 그러나 사람들은 그 이해가 근기에 따라 각각 차별함으로 무궁하고 무진하게 나타낼 수밖에 없다.

일 체 찰 토 중　　　　　견 불 좌 도 량
一切刹土中에　　　　　見佛坐道場하니

불 신 여 영 현　　　　　생 멸 불 가 득
佛身如影現이라　　　　生滅不可得이로다

일체 세계 가운데에
부처님이 도량에 앉으심을 보니
부처님의 몸 그림자처럼 나타나
생기고 없어짐을 얻을 수 없도다.

일체 존재는 모두가 불생불멸이다. 따라서 부처님의 몸도 또한 불생불멸이다. 일체 존재는 모두가 그림자 같고 환영과 같이 나타나 있다. 물론 부처님의 몸도 역시 그림자 같고 환영과 같이 나타나 있다. 이 세상 그 어떤 존재든 새롭게 탄생하는 것은 없으며 영원히 사라지는 것도 없다. 다만 형태를 바꿔 가며 오직 지속할 뿐이다.

10) 하방의 법계法界보살의 찬탄

이시중중　부유보살마하살　명법계보명
爾時衆中에 **復有菩薩摩訶薩**하니 **名法界普明**

혜　승불위신　관찰시방　이설송왈
慧라 **承佛威神**하사 **觀察十方**하고 **而說頌曰**

그때에 대중 가운데 다시 또 보살마하살이 있으니 이름이 법계보명혜法界普明慧이었습니다. 부처님의 위신력을 받들어 시방을 관찰하고 게송으로 말하였습니다.

여래미묘신　색상부사의
如來微妙身이여　**色相不思議**라

견자생환희　공경신락법
見者生歡喜하야　**恭敬信樂法**이로다

여래의 미묘한 몸이여
그 빛과 모양이 부사의함이라.
보는 이가 다 기뻐하며
공경하여 법을 믿고 즐기도다.

하방의 법계보살의 게송은 부처님의 신통에 대한 물음에 답한 것이다. 삼라만상과 산천초목이 모두가 여래의 미묘한 몸이며 낱낱이 불가사의하다. 하나의 나뭇잎에 푸른 하늘이 있고 구름이 있고 바람이 있고 나비와 벌이 있고 밝은 태양이 있고 비가 있고 바다가 있고 강물이 있어서 참으로 불가사의하다. 나뭇잎뿐만 아니라 모든 사물 모든 존재가 다 그러하다. 이 사실에 이해가 있는 사람은 그 기쁨이 넘치리라. 이와 같은 존재의 원리와 이치를 아는 사람은 그 법리를 공경하고 믿고 즐거워하리라.

불 신 일 체 상　　　실 현 무 량 불
佛身一切相에　　　**悉現無量佛**하사

보 입 시 방 계　　　일 일 미 진 중
普入十方界의　　　**一一微塵中**이로다

부처님의 몸 일체 형상에서
모두 한량없는 부처님을 나타내어
시방세계의 낱낱 미진微塵 속에
널리 들어가도다.

두두頭頭가 비로毘盧요, 물물物物이 화장華藏이라는 말이 있다. 그 낱낱 비로자나 부처님과 화장장엄세계가 또 낱낱 작은 먼지 속에 다 들어 있다. 그야말로 일미진중一微塵中에 함시방含十方이다. 하나의 작은 먼지 속에 하늘이 있고 구름이 있고 바람이 있고 비가 있고 태풍이 있다. 사람과 온갖 생명체가 다 있다. 시방세계가 그대로 하나의 작은 먼지다.

시 방 국 토 해	무 량 무 변 불
十方國土海에	**無量無邊佛**이
함 어 염 념 중	각 각 현 신 통
咸於念念中에	**各各現神通**이로다

시방국토 바다에
한량없고 그지없는 부처님이
모두 순간순간마다
각각 신통을 나타내도다.

풀 한 포기에서 부처님을 보고, 나무 한 그루에서 부처님을 보고, 나뭇잎 하나에서 부처님을 보면 시방국토 바다에서 한량없는 부처님이 신통을 나타냄을 보게 되리라.

<table>
<tr><td>대 지 제 보 살
大智諸菩薩이</td><td>심 입 어 법 해
深入於法海하사</td></tr>
<tr><td>불 력 소 가 지
佛力所加持로</td><td>능 지 차 방 편
能知此方便이로다</td></tr>
</table>

큰 지혜 있는 모든 보살이
법의 바다에 깊이 들어가
부처님의 힘으로 가지加持하여
능히 이러한 방편을 알았도다.

하나의 먼지 속에 시방세계가 있음을 아는 큰 지혜 있는 보살이라면 그와 같은 법의 바다에서 삶을 영위한다. 그것이 곧 부처님의 가피며 마음부처의 큰 작용이다.

<table>
<tr><td>약 유 이 안 주
若有已安住</td><td>보 현 제 행 원
普賢諸行願이면</td></tr>
</table>

견피중국토　　　　일체불신력
見彼衆國土의　　　　**一切佛神力**이로다

만약 보현보살의 모든 행원行願에
이미 안주했으면
저 모든 여러 국토의
일체 부처님의 신통한 힘을 보리라.

불교란 무엇인가. 보살행을 실천하는 일이다. 보살행에는 여러 가지가 있다. 그중에서 가장 모범이 되고 표준이 되는 것은 보현보살의 열 가지 행원이다. 이 보현보살의 열 가지 행원에 안주하여 생활해 가면 부처님의 신통한 힘이 무엇인가를 알게 될 것이다.

약인유신해　　　　급이제대원
若人有信解와　　　　**及以諸大願**이면
구족심지혜　　　　통달일체법
具足深智慧하야　　　　**通達一切法**이로다

만약 사람이 믿고 이해하며

모든 큰 서원이 있으면
깊은 지혜를 갖추어서
일체 법을 다 통달하리라.

불법을 믿고 이해하여 큰 서원을 지니게 되면 깊은 지혜는 저절로 갖추게 되고 모든 법도 저절로 통달하리라. 그러므로 믿음과 이해와 서원은 불법의 근간이 된다. 불법을 공부함에 있어 이 셋을 갖추지 아니하면 사상누각과 같으리라.

능 어 제 불 신　　　　일 일 이 관 찰
能於諸佛身에　　　**一一而觀察**하고
색 성 무 소 애　　　　요 달 어 제 경
色聲無所礙하야　　**了達於諸境**이로다

능히 모든 부처님 몸에서
낱낱이 관찰하여
빛과 소리에 걸림이 없으면
모든 경계를 요달하리라.

모든 부처님의 몸이란 일체 법이다. 일체 존재다. 두두물물이다. 하나하나를 내면까지 철두철미하게 관찰하면 깨닫지 못할 경계가 없다.

능어제불신	안주지소행
能於諸佛身에	**安住智所行**하고
속입여래지	보섭어법계
速入如來地하야	**普攝於法界**로다

능히 모든 부처님의 몸에서
지혜의 행할 바에 안주하면
여래의 경지에 빨리 들어가서
법계를 널리 포섭하리라.

부처님의 몸에서 지혜의 행할 바에 안주한다는 것은 곧 부처님의 행이며 여래의 행이다. 부처님의 행이며 여래의 행이라면 온 법계를 널리 섭수하리라.

불찰미진수 여시제국토
佛刹微塵數의 如是諸國土를

능령일념중 일일진중현
能令一念中에 一一塵中現이로다

세계 미진수의
이와 같은 모든 국토를
능히 한 생각 사이에
낱낱 티끌 속에 나타나게 하도다.

하나의 작은 먼지 속에 삼라만상과 천지만물이 다 포함되어 있다는 사실을 이렇게 궁리하고 저렇게 따져서 이해하는 것은 중생들의 이해 방법이다. 보살은 직관으로 한순간에 알며 매 순간 수용하면서 생활한다.

일체제국토 급이신통사
一切諸國土와 及以神通事를

실현일찰중 보살력여시
悉現一刹中하시니 菩薩力如是로다

일체 모든 국토와

신통의 일들을

한 세계 가운데 다 나타내시니

보살의 힘이 이와 같도다.

물질을 이루는 기본 구성 단위로서의 입자를 원자原子라고 한다. 그리고 하나의 원자는 원자핵과 수많은 전자와 양성자, 중성자로 이루어져 있듯이 보살은 한 세계에서 일체 모든 국토와 신통의 일을 다 나타낸다. 세상을 형성하고 있는 존재의 구성 원리와 보살의 삶의 길은 언제나 같다.

11) 상방의 정진精進보살의 찬탄

이시중중　부유보살마하살　명정진력무
爾時衆中에 **復有菩薩摩訶薩**하니 **名精進力無**

애혜　승불위신　관찰시방　이설송왈
礙慧라 **承佛威神**하사 **觀察十方**하고 **而說頌曰**

그때에 대중 가운데 또 보살마하살이 있었으니 이름

이 정진력무애혜精進力無礙慧이었습니다. 부처님의 위신력을 받들어 시방을 관찰하고 게송으로 말하였습니다.

불 연 일 묘 음　　　　주 문 시 방 찰
佛演一妙音하시니　　**周聞十方刹**하며

중 음 실 구 족　　　　법 우 개 충 변
衆音悉具足하야　　**法雨皆充徧**이로다

부처님이 한마디의 미묘한 소리를 내시니
시방세계에서 다 들으며
온갖 소리를 다 갖추어서
법의 비가 다 충만하도다.

정진보살의 게송은 부처님의 원음圓音과 신통변화가 자재함을 찬탄하였다. 앞에서 부처님의 능히 섭취할 수 없음에 대한 물음에 답한 것이다. 한마디의 미묘한 소리는 온갖 소리를 다 갖추었으며 시방세계 어디든지 들리지 않는 곳이 없이 다 두루 하다. 그리고 법의 비가 충만하다. 이것이 부처님의 원음이며 일체 소리의 원음이다.

일체언사해 일체수류음
一切言詞海와 一切隨類音으로

일체불찰중 전어정법륜
一切佛刹中에 轉於淨法輪이로다

일체 말씀의 바다와
일체 종류를 따르는 음성으로
일체 세계 가운데서
청정한 법륜을 굴리도다.

모든 소리와 모든 말씀과 모든 문자는 일체 세계에서 진리의 가르침을 전하기 위한 것이다. 곧 청정한 법륜을 굴리기 위한 것이다.

일체제국토 실견불신변
一切諸國土에 悉見佛神變하며

청불설법음 문이취보리
聽佛說法音하고 聞已趣菩提로다

일체 모든 국토에서

부처님의 신통변화를 다 보며
부처님의 설법 소리를 다 듣고
듣고 나서는 보리에 나아가도다.

어느 때 어느 장소인들 부처님이 없겠으며 부처님의 신통변화와 설법 소리가 없겠는가. 언제 어디서나 부처님의 설법 소리를 듣는다면 모두가 깨달음을 얻으리라.

법계제국토	일일미진중
法界諸國土의	**一一微塵中**에
여래해탈력	어피보현신
如來解脫力으로	**於彼普現身**이로다

법계 모든 국토의
낱낱 미진 가운데에
여래의 해탈력으로
그곳에 몸을 다 나타내도다.

모든 세계 모든 국토 낱낱 미진 일체가 여래의 해탈력이다. 신체의 낱낱 세포마다 또 그 신체가 다 있고, 물질의 낱낱 원자마다 역시 그 물질의 원소가 다 있다.

법신동허공 法身同虛空하야	무애무차별 無礙無差別하사대
색형여영상 色形如影像하야	종종중상현 種種衆相現이로다

법신은 허공과 같아서
걸림도 없고 차별도 없으나
빛과 형상이 그림자와 같아서
갖가지 온갖 모양 다 나타내도다.

부처님의 몸이란 곧 법의 몸이며 지혜의 몸이며 우주 삼라만상으로서의 몸이다. 그래서 허공과 같아서 걸림이 없고 차별이 없어서 마치 영상과 같다. 그러면서 한편으로는 세상의 온갖 색상으로 나타내 보인다. 온갖 색상이 부처님의 몸이고 부처님의 몸이 곧 온갖 색상이다.

영 상 무 방 소　　　　여 공 무 체 성
影像無方所하야　　　　如空無體性하니

지 혜 광 대 인　　　　요 달 기 평 등
智慧廣大人은　　　　了達其平等이로다

그림자는 방위가 없고

허공과 같아 체성體性이 없으니

지혜가 광대한 사람은

그 평등함을 요달하리라.

금강경에 "일체 유위의 법은 꿈과 같고 환영과 같고 물거품과 같고 그림자와 같고 이슬과 같고 번갯불과 같다."고 하였다. 세상의 모든 존재는 그림자와 같다. 그림자는 방위가 없다. 마치 허공과도 같다. 지혜로운 사람은 이와 같은 평등성을 깨달아 알리라.

불 신 불 가 취　　　　무 생 무 기 작
佛身不可取며　　　　無生無起作이라

응물보현전　　　　평등여허공
應物普現前하사대　　　　**平等如虛空**이로다

부처님의 몸은 취할 수도 없으며
생김도 없고 일어남도 지음도 없으나
중생들에게 맞추어 앞에 나타나되
평등하기가 허공과 같도다.

부처님의 몸이란 곧 법의 몸이며 지혜의 몸이다. 그래서 취할 수도 없고 생겨남도 없다. 일어나거나 지음도 없다. 그와 같은 것은 모두가 조작이다. 부처님의 몸은 조작이 아니다. 그러나 한편으로는 중생들의 근기와 수준에 맞추어 가지가지로 그들의 앞에 나타난다. 마치 허공이 어디든 나타나지 않는 데가 없는 것과 같다.

시방소유불　　　　진입일모공
十方所有佛이　　　　**盡入一毛孔**하사

각각현신통　　　　지안능관견
各各現神通을　　　　**智眼能觀見**이로다

시방에 있는 부처님이
한 모공毛孔에 다 들어가
각각 나타내는 온갖 신통을
지혜의 눈으로 능히 보도다.

물질을 구성하고 있는 최소 단위를 물질의 근원이 되는 입자, 즉 원자原子라고 하여 더 이상 쪼개거나 분석할 수 없는 것이라고 알던 때가 있었다. 그러나 지금은 그 원자 속에 무한히 많은 또 다른 입자들이 있음을 알았다. 전자니 양성자니 중성자니 원자핵이니 하는 것들이다. 사람의 그 작은 모공 속에 시방의 많고 많은 부처님이 들어 있어서 온갖 신통을 나타내고 있다는 사실도 이와 같다.

비로자나불
毘盧遮那佛이

원력주법계
願力周法界하사

일체국토중
一切國土中에

항전무상륜
恒轉無上輪이로다

비로자나 부처님의

원력이 법계에 두루 하여
일체 국토 가운데서
가장 높은 법륜을 항상 굴리시네.

비로자나 부처님은 법신 부처님이다. 즉 부처님의 법이 곧 비로자나 부처님이다. 부처님의 법이란 모든 존재의 존재 원리다. 일체 국토는 저절로 그러하게 존재 원리대로 존재한다. 그것이 곧 더 이상 높은 것이 없는 최상의 법륜을 항상 굴리고 있는 사실이다.

일 모 현 신 변 一毛現神變을	일 체 불 동 설 一切佛同說하사
경 어 무 량 겁 經於無量劫토록	부 득 기 변 제 不得其邊際로다

한 터럭에서 신통변화 나타냄을
일체 부처님이 다 같이 말씀하사
한량없는 겁이 지나도록
그 끝을 알 수 없도다.

터럭 끝 하나하나, 먼지 하나하나, 세포 하나하나, 원자 하나하나가 모두 신통변화를 나타내고 있다. 그것을 또한 일체 부처님은 다 같이 설하고 있다. 시작도 없고 끝도 없이 무시무종으로 그렇게 설하고 있다. 우주법계에 존재하는 일체가 모두 그와 같은 원리로 존재하기 때문이다.

12. 다함이 없음을 맺다

여차사천하도량중 이불신력 시방각유
如此四天下道場中에 **以佛神力**으로 **十方各有**

일억세계해미진수제보살중 이래집회 응
一億世界海微塵數諸菩薩衆이 **而來集會**하야 **應**

지일체세계해일일사천하제도량중 실역여
知一切世界海一一四天下諸道場中에도 **悉亦如**

시
是하니라

이곳 사천하四天下의 도량 안에 부처님의 위신력으로 시방에서 각각 일억 세계바다의 미진수와 같은 여러 보살 대중들이 와서 모이듯이 일체 세계바다 낱낱 사천하의 모든 도량에도 다 또한 이와 같다는 사실을 꼭 알아야 하느니라.

화엄경의 가르침 중에서 한 가지 특징은 하나를 들어 말하면 그 말 속에 일체가 다 들어 있다는 사실이다. 언제나 하나가 곧 일체라는 사사무애의 이치에 근거하기 때문이다. 그래서 하나가 곧 일체며 일체가 곧 하나이다. 모든 것이 상즉상입相卽相入하고 있음을 여실히 드러내 보인다. '천지는 여아동근이요 만물은 여아일체[天地與我同根 萬物與我一體]'라고 하지 않던가. 이곳 사천하란 곧 남섬부주를 말한다. 이곳 사천하에서 시방의 미진수와 같은 대중들이 모이듯이 일체 세계의 낱낱 사천하 도량에서도 모두 다 역시 그와 같다는 사실을 알아야 할 것이다. 작은 세포의 원리대로 사람의 몸의 원리도 다 같으며, 원자의 원리대로 드넓은 우주 별들의 존재 원리도 다 같기 때문이다.

여래현상품 끝

〈제6권 끝〉

華嚴經 構成表

分次	周次		內容	品數	會次
擧果勸樂生信分 (信)	所信因果周		如來依正	世主妙嚴品 第一 如來現相品 第二 普賢三昧品 第三 世界成就品 第四 華藏世界品 第五 毘盧遮那品 第六	初
修因契果生解分 (解)	差別因果周	差別因	十信	如來名號品 第七 四聖諦品 第八 光明覺品 第九 菩薩問明品 第十 淨行品 第十一 賢首品 第十二	二
			十住	昇須彌山頂品 第十三 須彌頂上偈讚品 第十四 十住品 第十五 梵行品 第十六 初發心功德品 第十七 明法品 第十八	三
			十行	昇夜摩天宮品 第十九 夜摩天宮偈讚品 第二十 十行品 第二十一 十無盡藏品 第二十二	四
			十廻向	昇兜率天宮品 第二十三 兜率宮中偈讚品 第二十四 十廻向品 第二十五	五
			十地	十地品 第二十六	六
			等覺	十定品 第二十七 十通品 第二十八 十忍品 第二十九 阿僧祇品 第三十 如來壽量品 第三十一 菩薩住處品 第三十二	七
		差別果	妙覺	佛不思議法品 第三十三 如來十身相海品 第三十四 如來隨好光明功德品 第三十五	
	平等因果周	平等因		普賢行品 第三十六	
		平等果		如來出現品 第三十七	
托法進修成行分 (行)	成行因果周		二千行門	離世間品 第三十八	八
依人證入成德分 (證)	證入因果周		證果法門	入法界品 第三十九	九

(資料：文殊經典硏究會)

會場	放光別	會主	入定別	說法別擧
菩提場	遮那放齒光眉間光	普賢菩薩爲會主	入毘盧藏身三昧	如來依正法
普光明殿	世尊放兩足輪光	文殊菩薩爲會主	此會不入定．信未入位故	十信法
忉利天宮	世尊放兩足指光	法慧菩薩爲會主	入無量方便三昧	十住法門
夜摩天宮	如來放兩足趺光	功德林菩薩爲會主	入菩薩善思惟三昧	十行法門
兜率天宮	如來放兩膝輪光	金剛幢菩薩爲會主	入菩薩智光三昧	十廻向法門
他化天宮	如來放眉間毫相光	金剛藏菩薩爲會主	入菩薩大智慧光明三昧	十地法門
再會普光明殿	如來放眉間口光	如來爲會主	入剎那際三昧	等妙覺法門
三會普光明殿	此會佛不放光．表行依解法依解光故	普賢菩薩爲會主	入佛華莊嚴三昧	二千行門
祇陀園林	放眉間白毫光	如來善友爲會主	入獅子頻申三昧	果法門

如天 無比

1943년 영덕에서 출생하였다. 1958년 출가하여 덕홍사, 불국사, 범어사를 거쳐 1964년 해인사 강원을 졸업하고 동국역경연수원에서 수학하였다. 10여 년 선원생활을 하고 1976년 탄허스님에게 화엄경을 수학하고 전법, 이후 통도사 강주, 범어사 강주, 은해사 승가대학원장, 대한불교조계종 교육원장, 동국역경원장, 동화사 한문불전승가대학원장 등을 역임하였다.
현재 부산 문수선원 문수경전연구회에서 150여 명의 스님과 250여 명의 재가 신도들에게 화엄경을 강의하고 있다. 또한 다음 카페 '염화실' (http://cafe.daum.net/yumhwasil)을 통해 '모든 사람을 부처님으로 받들어 섬김으로써 이 땅에 평화와 행복을 가져오게 한다.'는 인불사상(人佛思想)을 펼치고 있다.

저서로 『법화경 법문』, 『신금강경 강의』, 『직지 강설』(전 2권), 『법화경 강의』(전 2권), 『신심명 강의』, 『임제록 강설』, 『대승찬 강설』, 『유마경 강설』, 『당신은 부처님』, 『사람이 부처님이다』, 『이것이 간화선이다』, 『무비 스님과 함께하는 불교공부』, 『무비 스님의 증도가 강의』, 『일곱 번의 작별인사』, 무비 스님이 가려 뽑은 명구 100선 시리즈(전 4권) 등이 있고 편찬하고 번역한 책으로 『화엄경(한글)』(전 10권), 『화엄경(한문)』(전 4권), 『금강경 오가해』 등이 있다.

대방광불화엄경 강설 제6권

| **초판 1쇄 발행**_ 2014년 5월 22일
| **초판 3쇄 발행**_ 2018년 4월 4일

| **지은이**_ 여천 무비(如天 無比)
| **펴낸이**_ 오세룡
| **편집**_ 박성화 손미숙 정선경 이연희
| **기획**_ 최은영
| **디자인**_ 고혜정 김효선 장혜정
| **홍보 마케팅**_ 이주하
| **펴낸곳**_ 담앤북스
서울특별시 종로구 사직로8길 34 (내수동) 경희궁의 아침 3단지 926호
대표전화 02)765-1251 전송 02)764-1251 전자우편 damnbooks@hanmail.net
출판등록 제300-2011-115호
| ISBN 978-89-98946-23-4 04220

정가 14,000원

間白毫相中出菩薩
普賢菩薩
妙音菩薩偈讚